아는 사람 모르는 이야기

인물사담회

아는 사람 모르는 이야기
인물사담회 02

ISBN 978-89-314-7820-4

독자님의 의견을 받습니다
이 책을 구입한 독자님은 영진닷컴의 가장 중요한 비평가이자 조언가입니다. 저희 책의 장점과 문제점이 무엇인지, 어떤 책이 출판되기를 바라는지, 책을 더욱 알차게 꾸밀 수 있는 아이디어가 있으면 이메일, 또는 우편으로 연락주시기 바랍니다. 의견을 주실 때에는 책 제목 및 독자님의 성함과 연락처(전화번호나 이메일)를 꼭 남겨주시기 바랍니다. 독자님의 의견에 대해 바로 답변을 드리고, 또 독자님의 의견을 다음 책에 충분히 반영하도록 늘 노력하겠습니다.

파본이나 잘못된 도서는 구입처에서 교환 및 환불해 드립니다.

이메일 | support@youngjin.com
주소 | (우)08512 서울특별시 금천구 디지털로9길 32 갑을그레이트밸리 B동 10층 (주)영진닷컴
등록 | 2007. 4. 27. 제16-4189호

STAFF
저자 EBS 〈인물사담회〉 제작팀(최수진, 최현선, 이규대, 김지영, 박동현, 전성훈, 김세연, 김미수, 김혜림, 진세연)
글 김서정 | **총괄** 김태경 | **편집** 한지수, 김서정 | **디자인** 강민정
영업 박준용, 임용수, 김도현, 이윤철 | **마케팅** 이승희, 김근주, 조민영, 김민지, 김진희, 이현아
제작 황장협 | **인쇄** 예림

— 아는 사람 모르는 이야기 —

인물사담회

머리말_그들의 삶이 파도처럼 당신께 닿기를
최현선_<인물사담회> PD

"발이 왜 필요하지? 내겐 날개가 있는데."

프리다 칼로가 다리를 절단하던 날 일기장에 남긴 글입니다.

<인물사담회>는 제게 큰 행운 같은 프로그램입니다. 이 프로그램을 통해 단순히 위대한 인물들의 업적을 배우는 것을 넘어, 삶의 기로에서 그들이 겪었던 고뇌와 고민을 마주하며 저 또한 제 삶을 돌아볼 수 있었기 때문입니다.

역사는 이렇게 한 사람 한 사람의 이야기를 통해 우리에게 또 다른 삶을 선사합니다. 지금 저는 다리 골절로 입원 중이지만, 프리다 칼로가 남긴 희망의 메시지를 곱씹으며 용기를 얻고 있습니다. 때론 그들의 업적보다 삶을 향한 그들의 태도가 더 큰 힘이 됩니다.

<인물사담회>가 방송으로 '밥 친구'나 '좋은 교양 프로그램'으로 사랑받았다면, 이제 이 책을 통해 또 다른 배움과 울림을 전하고 싶습니다.
시대를 바꾼 인물들의 이야기는 그저 업적의 나열이 아닌, 그들의 내면, 슬픔과 상실, 그리고 역경에 맞서 싸운 태도에 관한 이야기입니다. 혹독한 환경 속에서도 빛났던 테슬라의 열정, 여성의 인권을 생각했던 팔라비의 개혁, 장르를 개척한 히치콕의 도전, 자신만의 날개를 찾은 프리다 칼로의 용기처럼, 각 인물이 겪은 위기와 선택이 여러분께도 작은 위로와 큰 용기가 되기를 바랍니다.

<인물사담회> 속 한 사람 한 사람의 인생이 저에게 파도처럼 몰려왔던 것처럼, 이책이 독자분들의 마음에 깊이 닿아 또 하나의 새로운 여정이 되기를 바랍니다.

<인물사담회>를 연출하던 때를 돌아보면, 매주 역사 속 인물들의 마음에 접속하는 시간들이었던 것으로 기억합니다. 마치 흥미진진한 게임 속 세계에 로그인하듯, 서로 다른 시공간의 인물 속으로 걸어 들어가는 느낌을 받으며 제작에 임했습니다.

제게 특히 인상적이었던 인물의 마음이란 이런 것들이었습니다. 인생의 의미를 찾아 헤매던 대학생 스티브 잡스가 가슴 속에 품고 있던 공허함, 젊은 사관생도 나폴레옹이 홀로 방에 틀어박혀 고독을 삼키던 때의 쓸쓸함, 어린 딸을 잃고 난 뒤 종종 딸에 대한 생각에 잠기곤 했던 닐 암스트롱의 담담한 슬픔, 그리고 제2차 세계대전이 한창이던 시절 극심한 배고픔에 시달린 오드리 헵번의 공포와 절망감 같은 것들.

이렇듯 역사 속 인물의 마음을 들여다보는 일은 제게도 매우 의미 있는 경험이었습니다. 어쩌면 역사를 이해하고 느끼는 효과적인 방법일 수 있겠다는 생각도 들었습니다. 제가 느꼈던 것을 시청자분들에게도 전달하고 싶어 열심히 방송을 제작했었습니다. 이제 그 방송을 책으로 정리해 보내드립니다. 방송에 미처 담지 못했던 더 깊고 상세한 내용이 더해졌기에, 독자 여러분들이 역사 속 인물의 마음에 더 수월하게 접속할 수 있으리라 기대합니다.

제일 앞에서부터 차례로 읽어나가도, 가장 관심이 가는 인물부터 골라 읽어나가도 무방합니다. 마음 이끌리는 대로 역사 속 인물들의 내면과 만나면서, 독자 여러분들에게 가장 인상적으로 다가오는 순간들을 갈무리해 두는 것도 좋을 것 같습니다.

머리말_좋은 이어짐의 순간이 되기를
김지영_<인물사담회> PD

'살면서 누군가의 삶을 이토록 자세하게 들여다보고 이해하려 한 적이 있었을까?'

<인물사담회>를 만들며 했던 생각입니다. 만난 적 없는, 너무 다른 시대를 살았던, 그러나 어쩌면 지금의 우리와 크게 다르지 않은 인물들의 이야기를 통해 많은 것을 배우고 느꼈습니다. 오펜하이머의 삶에서 선택에 따르는 책임의 무게를, 프리다 칼로의 삶에서 꺾이지 않는 용기와 사랑을 배웠습니다. 다른 시대를 살고 있지만 이야기를 통해 우리는 모두 이어져 있나 봅니다.

방송을 한창 하고 있던 때, <인물사담회>가 좋은 '밥 친구'라는 글을 소셜미디어에서 읽은 적이 있었습니다. 저에게 <인물사담회>를 만드는 과정이 그랬듯이, 이 책이 누군가에게는 좋은 연결의 순간이 되기를 작게 소망해 봅니다.

거장의 발자취를 따라가며 그들의 삶을 깊이 들여다보는 일은 나에게 늘 경외감과 두려움을 안겨준다. 그들의 작품 앞에 서면, 범접할 수 없는 아우라에 나 자신이 초라하게 여겨지기도 한다. 하지만 그들의 삶을 파고들어 자료를 찾고 증언을 따라가다 보면, 그들도 세상 속에서 흔들리고, 고뇌하고, 좌절하던 한 인간이었음을 알게 된다. EBS <인물사담회>는 바로 이러한 역사적 인물들의 인간적 면모를 친절하고 섬세하게 조명한다.

 내가 참여해 더 의미가 있었던 '프리다 칼로' 편은 그녀의 작품 속 숨겨진 아픔과 인간적인 면모를 탐구하는 내용으로 꾸려졌다. '스티브 잡스' 편에서는 혁신의 아이콘으로만 여겨졌던 그가, 실은 많은 실패와 불안 속에서도 끊임없이 도전하고 배워가는 모습이 부각됐고, '플로렌스 나이팅게일' 편에서는 흔히 알고 있는 '백의의 천사' 이미지 뒤에 감춰진, 외로움과 사회적 편견에 맞선 싸움이 드러났다. 위대한 업적 뒤에 숨겨진 인간적 고뇌와 좌절을 섬세하게 드러내며, 그들 역시 우리와 같은 인간임을 일깨워 주었다.

 <인물사담회>는 단지 역사적 인물들의 이야기만을 들려주는 것이 아닌, 그들이 느낀 고통과 기쁨, 실패와 도전의 과정을 따라가며 우리 자신에게도 같은 질문을 던지게 만든다. 사람들은 왜 고통 속에서도 희망을 포기하지 않는가, 무엇이 그들을 움직이게 했는가, 그리고 우리는 어떻게 그들의 이야기를 통해 나아갈 힘을 얻을 수 있는가, 이런 본질을 꿰뚫는 질문들이다.

 인물들의 깊은 삶을 조명하며, 그들의 인간적인 면모와 좌절 속에서 희망을 찾아 보여주는 <인물사담회>는, 우리가 진정 잃고 싶지 않은 가치들, 인간의 존엄성, 그리고 삶의 의미에 대해 다시금 생각해 볼 수 있는 기회를 제공한다. 이제 그들의 이야기를 모아 한 권의 책으로 만나보는 기회를 통해, 시대를 초월한, 진한 울림의 메시지를 듣게 되기를 바란다.

차례

일러두기
- 이 책은 EBS에서 방영된 〈인물사담회〉 방송으로 구성된 도서입니다. 각 편 마지막 부분에 방송을 다시 볼 수 있는 QR 코드를 삽입했습니다.
- 이 책에 수록된 이미지와 자료 중 저작권자의 허락이 필요한 것은 허락받아 사용 했습니다. 저작권자의 허락이 누락된 이미지와 자료의 경우 추후 절차에 따라 저작 권 계약을 진행하겠습니다.
- 출처를 밝혀야 하는 이미지는 도서 마지막 부분에 출처를 작성했습니다.

1

창조자인가, 파괴자인가?
로버트 오펜하이머

#핵무기의_시작 #리틀보이 #팻맨 #인류의_위협
#맨해튼계획 #최초의_핵실험 #성공과_죄책감 #스파이_혐의

Julius Robert Oppenheimer

(1904.4.22.~1967.2.18.)

"나는 죽음이요, 세상의 파괴자가 되었다."

이는 힌두교 경전 《바가바드 기타》에 나오는 구절이지만 대부분의 사람들이 오펜하이머(Robert Oppenheimer)가 남긴 말로 더 많이 알고 있습니다.

원자폭탄을 만들어 낸 과학자, 인류 역사상 가장 강력한 무기 중 하나인 원자폭탄의 개발을 주도한 인물. 그는 순식간에 수십만 명의 생명을 앗아갈 수 있는 초강력 무기를 만든 '파괴자'이자 암흑 속에서 인류를 건져낸 '구원자'라는 모순된 평가를 받는 인물이기도 합니다.

핵무기 개발 경쟁으로 신냉전 시대를 맞고 있는 지금, 우리는 그가 걸어온 길과 업적에 대한 이야기에 주목하지 않을 수 없습니다.

'파괴자', 아니면 '구원자'라는 극단의 꼬리표가 붙을 수 있는 상황에서 그는 어떤 갈등을 했었는지, 미국이 원자폭탄을 개발하기로 결정한 데는 또 어떤 배경이 숨어있었는지, 지금부터 오펜하이머가 살았던 시대로 돌아가 살펴보겠습니다.

'아는 사람'
오펜하이머

📖 일본에 떨어진 '리틀 보이' '팻 맨'

1945년, 전범국이었던 일본이 미국에 무조건 항복을 선언하며 1939년에 발발해 무려 6년간 이어진 제2차 세계대전은 마침내 종지부를 찍습니다.

독일의 항복으로 유럽 전선의 전쟁이 사실상 종결된 상황이었음에도 불구하고, 일본은 연합국에 끝까지 맞대응하며 전쟁을 지속합니다. 미국은, '항복하지 않으면 완전히 파멸을 맞게 될 것'이라는 연합군의 최후 경고마저 무시한 일본에 결국 원자폭탄을 투하하기로 결정합니다.

일본 히로시마와 나가사키에 떨어진 원자폭탄의 위력은 실로 대단했습니다. '리틀 보이(Little Boy)'와 '팻 맨(Fat Man)'이란 별명을 가진 원자폭탄은 두 도시를 완전히 폐허로 만들었고, 그 여파는 오늘날까지도 직간접적으로 이어지고 있죠.

역사상 가장 치명적이고, 파괴적인 충돌로 기록되는 제2차 세계대전. 그 중심에 서있는 인물이 이 두 원자폭탄을 만든 인물, 오펜하이머입니다.

원자폭탄 개발은 우리나라에도 중대한 영향을 미쳤습니다. 원자폭탄 투하로 피해를 입은 일본이 항복을 선언하면서, 우리나라가 긴 일제강점기에서 벗어나 광복을 맞이할 수 있었기 때문이죠. 게다가 현재도 북한의 핵실험 문제가 대두되고 있으니 그가 이끌었던 핵무기 개발 프로젝트는 우리나라와도 간접적인 연결고리를 갖고 있다고 볼 수 있습니다.

🔲 인류에 남긴 위협

과거 핵무기는 전쟁을 종식하고 우리나라에 광복을 안긴 결정적인 역할을 했지만, 지금은 핵무기가 전 세계적인 안보와 평화를 위협하는 무서운 무기로 인식되고 있죠.

2024년 현재, 미국과 러시아, 영국 등 원자폭탄과 수소폭탄 등 지구 전체를 초토화할 만큼의 핵 시스템이 여러 나라에 갖춰져 있습니다. 게다가 우리와 가장 가까이 맞닿아 있는 북한에서도 2006년 첫 핵실험을 시작으로 끊임없이 도발을 이어오고 있으니 이제 핵이 없던 과거로 돌아갈 수 없는 것은 분명합니다.

오펜하이머는 원자폭탄을 개발할 당시 이런 미래를 예측하지 못했을까요? 아이러니하게도 그는 원자폭탄을 개발한 인물임과 동시에, 핵무기 발전을 가장 강력하게 반대했던 사람이기도 합니다. 그가 원자폭탄을 개발하기까지 어떠한 길을 걸어왔고 또 어떠한 사건들이 그의 인생의 큰 영향을 미쳤는지, 오펜하이머의 '모르는 이야기'부터 만나보겠습니다.

오펜하이머의
'모르는 이야기'

📖 '맨해튼계획'의 시작

이 이야기는 1939년, 제2차 세계대전이 발발할 때부터 시작합니다. 제2차 세계대전은 나치 독일이 폴란드를 침공하면서 시작된 것으로, 약 5천만 명(추정)의 군인과 민간인이 희생된 인류 역사상 최대 규모이자 가장 파괴적인 사건으로 평가받습니다.

그해 과학계에서는 놀라운 소식이 있었습니다. 독일 과학자들이 우라늄의 분열 현상을 발견한 것이죠. 일반적으로 원자는 쪼개지지 않는다고 모두

우라늄 핵분열

가 믿고 있었는데, 과학자들이 원자가 쪼개지는 현상을 발견한 겁니다. 이것도 놀라운 일이지만, 원자가 분열되면서 엄청난 양의 에너지가 나온다는 사실을 알아냈으니 예상치 못한 실험 결과에 과학자들은 분명 흥분했을 겁니다.

이 발견으로 과학계가 떠들썩할 때쯤 제2차 세계대전이 시작됐습니다. 전쟁이 시작되니 전 세계의 과학자들은 소통이 단절돼 더 이상 정보를 교환할 수 없게 됐죠. 그 사이 독일의 과학자들은 원자가 분열하면서 발생하는 에너지로 가장 위협적이고 파괴적인 폭탄을 만들 수 있겠다고 판단했습니다. 이는 전 세계에 큰 걱정거리였는데, 세계 정복을 목표로 수많은 전쟁을 일으키고 있는 히틀러가 자칫 원자폭탄이라는 무시무시한 무기를 개발할 수도 있다는 우려 때문이었습니다. 만약 나치 정권이 핵폭탄을 만드는 데 성공한다면 세계에 더 큰 재앙이 펼쳐질지도 모르는 상황이었죠.

당시 나치 정권은 유대인을 심각하게 탄압했습니다. 탄압을 피해 수많은 유대인들이 독일을 떠났는데, 유대인들 가운데는 뛰어난 과학자들이 많았습니다. 이들은 미국으로 망명하면서 미국 정부가 나치 정권의 핵폭탄 개발을 경고해야 한다고 생각했습니다. 독일이 원자폭탄을 개발하기 전에 반드시 미국이 먼저 나서야 한다고 말이죠.

미국에 망명한 유대인 출신 과학자들은 당시 최고의 과학자로 인정받던 아인슈타인을 찾아갔습니다. 이들은 아인슈타인이 당시 미 대통령 루스벨트 (Franklin Roosevelt)에게 독일의 원자폭탄 개발에 대해 경고하는 편지를 써야 한다고 생각했습니다. 루스벨트 대통령에게 메시지를 전달하면 그의 마음이 움직일 거라고 말이죠. 그 내용은 이렇습니다.

> "새로운 형태의 폭탄은 상상 이상의 강력한 폭탄이 될 것입니다. 이러한 종류의 폭탄 단 한 개를 배에 싣고 폭파하면 항구 전체는 물론 그 주변 지역 모두를 일순간에 파괴할 수 있을 겁니다. 그러니 대통령이 신뢰하는 사람에게 이 일을 맡기시는 것이 좋을 듯합니다."
>
> _ 진심을 담아, 알베르트 아인슈타인

사실 아인슈타인은 학계 원로로서 편지에 서명만 했을 뿐, 편지 내용은 레오 실라르드(Leo Szilard)를 비롯한 몇몇 물리학자들이 썼습니다. 편지에는 독일이 핵무기 개발을 두려워했던 물리학자들의 절박함이 담겨있죠. 과연 이 간절한 편지는 효과가 있었을까요?

물론 과학자들의 편지가 변화의 시발점이 되기는 했지만, 이 편지를 계기로 미국 정부가 곧바로 움직인 것은 아니었습니다.

전쟁 중에는 수많은 제안서가 지도자에게 올라간다고 합니다. 하루에 수십 건씩 새로운 무기에 대한 제안서들을 받던 루스벨트 대통령이 편지 한 통을 받고 곧장 원자폭탄 개발이라는 중대한 프로젝트를 시작하지는 않았겠죠.

한편, 영국도 미국 과학자들과 똑같은 고민을 하고 있었습니다. 영국 정부는 일찍이 미국보다 원자폭탄 개발에 대한 문제를 조금 더 심각하게 받아들여, 비밀리에 원자폭탄 개발을 위한 프로젝트를 시작했습니다. 그러나 자국의 기술만으로는 원자폭탄을 만들기 어려울 거라는 판단 아래 미국에 이와 관련된 정보를 넘기며 도움을 요청했죠. 그리하여 1941년, 미국 정부가 원자폭탄 개발을 추진하기로 결정했고, 영국에 협력 의사를 전달했습니다.

🗌 오펜하이머 vs 아인슈타인

맨해튼계획은 매우 철저한 보안 아래 진행됐습니다. 얼마나 보안이 철저했던지 당시 부통령이었던 트루먼(Harry Truman)조차 맨해튼계획의 존재를 몰랐다고 합니다. 맨해튼계획은 보안을 위해 삭막한 오지에서 진행됐는데, 주요 거점은 오크리지(Oak Ridge)와 핸포드(Hanford), 로스앨러모스(Los Alamos)였고, 과학자들은 뉴멕시코주의 황량한 사막이었던 로스앨러모스에 모였습니다.

연구소에 출입하려면 엄격한 절차에 따라야 했습니다. 시내의 정해진 장소에 모여 관계자의 인솔에 따라야 했고, 유일한 통로인 '오토위 현수교(Otowi Bridge)'를 건넌 뒤 차로 40분간 달려야 연구소 정문에 도착할 수 있었습니다. 정문에 들어서면 본인은 물론 가족들까지 출입증을 제시해야 했고, 철저한 감시와 통제 속에서 생활했습니다.

초대형 극비 프로젝트인 맨해튼계획의 리더는 누구였을까요?

로스앨러모스
연구소 전경

레슬리 그로브스

　프로젝트는 군대가 주도하고 있지만 결국 폭탄을 만드는 일은 과학기술력의 문제이기에, 군대와 과학자 집단의 책임자가 각각 있어야 했습니다. 우선 군 책임자로는 레슬리 그로브스(Leslie Groves)가 임명됐습니다. 당시 미군 대령이었는데, 미국 국방부 청사인 펜타곤의 건설을 총괄한 인물이었죠.

　그로브스가 가장 중요하게 맡았던 임무 중 하나는, 바로 과학자 집단의 책임자를 뽑는 것이었습니다. 그는 과학자들의 리더로 오펜하이머를 지명했고, 이 프로젝트의 연구소장이 된 오펜하이머가 가장 먼저 한 일은 당시 최고의 과학자 어벤저스팀을 꾸리는 것이었습니다. 오펜하이머는 엔리코 페르미(Enrico Fermi) 한스 베테(Hans Bethe) 에드워드 텔러(Edward Teller) 윌러드 리비(Willard Libby) 레오 실라르드(Leo Szilard) 해럴드 유리(Harold Urey) 리처드 파인먼(Richard Feynman) 줄리언 슈윙거(Julian Schwinger) 등 저명한 과학자들을 한 데 불러 모았습니다.

　그런데 이 과학자 목록에 아인슈타인의 이름은 빠져있습니다. 아이슈타인은 왜 참여하지 않았을까요?

1940년 캘리포니아 대학교에서
회동 중인 맨해튼계획의 과학자들

맨해튼계획은 군사 기밀이기에 명령 복종이 필수적인데, 아인슈타인은 이것저것 눈치도 안 보고, 하고 싶은 말 다 하는 등 권위에 굴복하지 않는 자유로운 성향이었기 때문이라고 전해집니다. 거기에 유명 인사이기도 했으니 비밀 프로젝트를 위해 갑자기 사라진다면 주변의 의심을 사기 쉽겠죠.

2023년에 개봉한 영화 <오펜하이머>에서도, 스트로스(Lewis Straus) 제독이 오펜하이머에게 "왜 아인슈타인과 같은 뛰어난 과학자를 프로젝트에 부르지 않았냐"고 묻는 장면이 나옵니다. 이에 오펜하이머는 "한때는 뛰어난 사람이었다"며, 마치 아인슈타인이 한물간 과학자인 것처럼 이야기하죠.

양자역학에 대한 '견해 차이'였다는 해석도 있지만, 아인슈타인이 프로젝트에 참여하지 않은 이유에는, 앞서 언급한 그의 '자유로운 성향'도 없지 않았을 겁니다. 결국 아이슈타인은 원자폭탄이 개발되는 데 일조를 하기는 했지만 참여는 하지 않은, 맨해튼계획의 시초가 된 인물인 셈입니다.

오펜하이머와 아인슈타인. 시대가 낳은 천재 과학자라는 점에서는 닮은 듯 보이지만 어쩐지 다른 점이 더 많아 보이는 두 사람. 이 두 과학자의 공통점과 차이점은 무엇일까요?

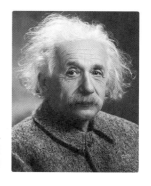

먼저 공통점은, 두 사람 모두 유대인 출신의 천재 물리학자라는 겁니다. 사소한 한 가지를 더 찾아보자면 불륜을 저질렀다는 것밖에 없을 정도로 두 사람은 너무도 다른 성향을 지니고 있었습니다.

성격부터 정반대였는데, 오펜하이머는 극도로 카리스마가 넘쳐서 권위에 복종하는 체질에 인정욕구도 강했던 반면, 아인슈타인은 유머가 넘쳐서 주위 사람들에게 농담을 자주 했다고 전해집니다. 또 오펜하이머는 '관종' 느낌의 '인싸'였지만, 아인슈타인은 철저하고 자발적인 '아싸'. 성장한 환경도 정반 대였죠. 오펜하이머는 미국에서 태어나 독일 대학에서 공부했는데, 아인슈타 인은 반대로 독일에서 태어나 미국으로 망명했다는 것도 재미있는 차이점 중 하나입니다.

마지막으로 가장 큰 차이점은 바로 '노벨상 수상 여부'입니다. 아인슈타인 은 1921년 광전효과 연구로 노벨상을 받은 반면, 오펜하이머는 노벨상 수상 후보로 3번이나 올랐을 뿐, 결국 노벨상을 받지 못했습니다. 위대한 과학자인 데 왜 노벨상을 받지 못했을까요?

노벨상 수상자들은 대부분 한 가지 분야만을 깊게 파고드는 집요함이 두

드러졌지만, 오펜하이머는 다양한 분야에 대한 폭넓은 관심사를 지니고 있었습니다. 새로운 아이디어를 내는 데 특출난 재능이 있었음에도 불구하고, 끝까지 연구하는 힘이 부족했다는 평가가 많았죠.

맨해튼계획의 리더가 되다

훌륭한 과학자들 사이에서 오펜하이머가 맨해튼계획의 리더로 꼽힌 데는 어떤 이유가 있었던 걸까요?

사람들을 통솔하는 카리스마, 권위에 복종하는 성향과 조국을 사랑하는 충성심이 있기 때문이었습니다. 또한 원자폭탄 개발을 성공시키겠다는 개인적인 야망도 커서, 그 야망을 이루기 위해서라도 절대 국가를 배신하지 않을 거라고 정부가 판단한 겁니다. 맨해튼계획의 리더로 지내던 당시, 오펜하이머의 책상은 마치 군대 관료의 책상처럼 늘 깔끔하게 정돈돼 있었고, 군인처럼 상고머리로 지냈다고 합니다. 정부의 판단대로 실력 또한 뛰어나서 척박한 환경에서도 각각의 역량을 끌어내 프로젝트를 성공으로 이끌었죠.

소속원마다 출신 국가도 달라 소통의 어려움이 있었음에도 불구하고, 그는 상황에 맞추어 자신을 변화시키면서 효율적인 업무 분장으로 소속원들의 능률을 높이는 데 성공했습니다. 무려 8천 명이 넘는 조직원들을 편견 없는 시선으로 대하며, 연구에 몰입할 수 있도록 방향을 제시해 주었죠. 특히 설득하는 능력이 뛰어났다고 하는데요, 타인에게 필요한 것이 무엇인지 빠르게 파악하고 그들의 입장을 이해하려는 자세를 갖고 있었기 때문에 더 큰 성과를 낼 수 있었다고 합니다.

또한 매주 공개 토론회를 열어 참여의식을 갖게 하는 등 개개인이 프로젝트에 몰입할 수 있는 환경을 만들어 주었습니다. 이러한 점은 과학자들의 지적 욕구를 활용한 오펜하이머의 뛰어난 리더십으로 평가받습니다.

물론 그의 운영 전략이 처음부터 통했던 것은 아니었습니다. 오펜하이머가 리더로 물망에 올랐을 때 미국원자력위원회는 그가 조직을 이끌만한 경험이 없다는 이유로 강하게 반발했습니다. '그는 오만하다 못해 못된 성격을 가지고 있으며 적극성이나 열정도 떨어진다'며 힐난하는 사람도 있었죠.

하지만 그는 불과 몇 달 만에 이러한 부정적인 평가를 단번에 잠재웠습니다. 그의 느긋한 태도는 핵무기 개발로 극심한 압박감에 시달리는 연구진들의 긴장감을 풀어주었고, 이상주의적인 그의 연구 태도는 정치가들과 국민을 설득하는 데 결정적인 역할을 했습니다.

오펜하이머의 변화

오펜하이머는 부잣집에서 자란, 똑똑한 천재 소년이었습니다. 공부에 대한 열망으로 노력을 거듭해 하버드대학교에 들어갔죠. 당시 하버드는 지금의 명성과는 다르게 높지 않은 평판의 대학이었습니다. 당시 학문의 중심지는 미국이 아닌 유럽이었고, 미국은 유럽에 비해 한참 뒤처져 있다는 인식이 있었기 때문이죠. 그래서 그는 하버드를 졸업한 뒤, 과학을 심도 있게 공부하고자 학문의 중심지인 유럽으로 떠났습니다. 영국 케임브리지대학교의 러더퍼드

대학 시절의
오펜하이머

(Ernest Rutherford) 교수에게 배우고 싶어서 입학 지원서를 냈지만, 자신을 뽑아주지 않아 절망했습니다. 무엇보다 '천재' 소리를 듣고 자라던 미국에서와 달리, 자신을 알아주지도 인정해 주지도 않는 처지에 엄청난 좌절감과 상실감을 느꼈죠.

그 후 1925년, 그는 인생 전체를 날려버릴 뻔한 무서운 일을 계획합니다. 그가 케임브리지대학교의 캐번디시(Cavendish) 물리학 연구소에서 대학원 과정을 공부하고 있을 때 일입니다. 그곳에서 그는 실험물리학을 연구하고 있었는데, 화학 전공자인 자신에게 물리학이 어렵게 느껴지자 신경쇠약에 우울증을 겪으면서 결국 끔찍한 일을 벌이게 됩니다. 바로, 독을 바른 사과를 지도교수인 블래킷(Patrick Blackett) 교수의 책상에 올려둔 것이죠. 다행히 교수가 사과를 입에 물기 직전에 발각돼 살인미수에 그쳤지만, 이 일을 계기로 오펜하이머는 정신과 치료를 받게 됩니다.

우여곡절 끝에 그는 독일 괴팅겐(Göttingen)이라는 도시로 갑니다. 마침 괴팅겐에선 새로운 학문인 양자역학이 태동하고 있었고, 괴팅겐대학교로 간 오펜하이머는 이곳에서의 연구와 공부를 통해, 머지않아 미국 물리학계의 리더로 성장할 수 있었습니다. 그의 스승이자 물리학자인 막스 보른(Max Born)도 오펜하이머의 천재성을 알아봐 주고, 인정해 주었습니다. 처음에는 과거 독사과 사건을 일으키는 등 사고뭉치로 유명했으니 그를 어떻게 대해야 할지 난감했겠지만, 보른은 오펜하이머의 단점보다 장점에 주목하며 이야기를 잘 들어주었습니다. 학생들의 민원을 일일이 지적하기보다 우회적으로 알려주면서 그를 조금씩 변화시켰죠. 이후 오펜하이머는 캘리포니아 공과대학과 UC 버클리를 오가며 교수로 활동할 수 있었고, 몇 년이 지난 후에는 학생들에게 큰 인기를 얻는 교수가 됐습니다.

단점을 장점으로 보완해 주며 자신의 인생을 바꿔준 스승 보른. 하지만 그 인연은 오래 가지 못했습니다. 보른은 유대계 독일인이라는 이유로 대학에서 추방당하고 말았죠. 인생을 바꿔준 스승과 이별해야 하는 안타까운 현실을 마주하며 오펜하이머는 정치에도 관심을 갖게 됐고, 결국 맨해튼계획 참여로 마음을 돌립니다. 나치 때문에 독일을 떠나는 은사를 보면서 그런 결심을 한 게 아닐까 싶기도 하네요.

오펜하이머의 은사
막스 보른

🔲 인류 최초의 핵실험, 돌이킬 수 없는 창조

오펜하이머가 이끄는 맨해튼계획이 막바지에 이르던 어느 날, 뜻밖의 사건이 벌어졌습니다. 1945년 4월 30일, 히틀러가 자살을 하고 독일이 항복해 버린 겁니다.

히틀러의 사망을 알리는
신문 기사

맨해튼계획은 전범국인 독일이 원자폭탄을 개발해 세계를 초토화시킬까 하는 우려로 시작된 건데, 폭탄 개발이 완료되기도 전에 독일이 항복해 버렸으니 미국의 입장이 난처해진 것이죠. 이렇게 맨해튼계획은 종료돼 역사 속으로 사라지게 되는 걸까요?

여기서 역사 속 유명한 아이러니가 등장합니다. 개발 중이던 원자폭탄을 완성해 실전에서 사용해 봐야 한다는 주장과 시범 차원에서만 끝내자는 주장이 대립하기 시작한 것이죠. 독일은 항복했지만, 미국이 여전히 일본과 전쟁 중이었기 때문에 제2차 세계대전은 아직 끝나지 않은 상황이었거든요. 폭탄을 완성해 실전에서 사용해 보아야 한다는 주장을 펼치는 사람들은 이 무기를 통해 전쟁으로 인한 미국인의 희생을 막고 평화 구축에 도움을 주자고 했습니다.

맨해튼계획의 리더 오펜하이머는 어떤 결정을 내렸을까요? 그는 2가지 주장 모두 이해했지만, 결국 원자폭탄을 완성해 평화 구축에 힘을 실어보자는 쪽으로 기울었습니다. 아마도 원자폭탄 제작에 많은 시간과 열정을 투자했기 때문에 쉽게 중단할 수는 없었을 겁니다. 그렇게 인류 최초의 원자폭탄이 완성됐습니다. 그 폭탄이 바로, 일본의 히로시마와 나가사키에 떨어진 '리틀 보이'와 '팻 맨'이었죠.

원자폭탄을 일본에 투하하기 전에, 제대로 작동하는지 실험을 해야 했습니다. '가젯(Gadget)'이라는 이름의 실험용 원자폭탄은 핵 물질이 동시에 중앙으로 모여야만 작동했는데, 이를 위해 정교하고 정확한 계산이 필요했습니다. 이 계산을 총지휘한 인물이 리처드 파인먼이었습니다. 그는 미국 각 학교의 1등 학생들과 최고의 수학자 폰 노이만(Von Neumann)을 섭외했습니다. 노이만은 이 계산대로면 핵실험이 성공할 것이라고 말했고, 오펜하이머는 그 말을 믿고 직접 실험을 해보기로 결심합니다.

과학자들이 계산한 결과 핵실험에 가장 적합한 폭탄의 형태는 32면체였습니다. 이 32면체를 성공적으로 터뜨리는 방법을 찾아내기 위해 컴퓨터도 없이 10개월 동안 계산했다고 하니, 당시에는 어마어마한 기밀 기술이었죠.

1945년 7월 16일 새벽, 뉴멕시코의 앨라모고도(Alamogordo) 인근에서 인류 역사상 최초의 실험용 원자폭탄 가젯이 설치됐습니다. 테스트를 앞둔 오펜하이머의 심정은 어땠을까요? 당시 오펜하이머에 대한 기록이 있습니다.

가젯의 모습.
맨해튼계획에 참여한 한 과학자가
실험 전 가젯을 지키고 있다.

> " 그는 본부 식당에 앉아서 블랙커피를 마시고 줄담배를 피웠다. 그는 잠시 보들레르의 시집을 꺼내 조용히 읽기도 했다. "

오전 5시 29분, 가젯이 폭발했습니다. 오펜하이머가 말했던 것처럼, 원자폭탄 실험이 성공함과 동시에 이제 인류는 원자폭탄이 없던 과거로 돌아갈 수 없게 됐습니다. 참가자들은 어떤 생각을 했을까요?

오펜하이머와 맨해튼계획 참가자들은 중요한 임무를 성공시켰으니 기뻤을 겁니다. "이제는 밤늦게까지 일하지 않아도 된다"며 술을 마시고 즐거워했다는 이야기가 있지만, 오펜하이머는 담배를 피우면서 "저 불쌍한 사람들…

실험용 원자폭탄
가젯이 폭발하는 장면

저 불쌍한 사람들…"이라며 폭탄에 희생당할 일본 민간인들을 걱정했다고 합니다. 그들의 성공이 곧 권력자들의 무기로 재탄생하는 순간이니까요. 오펜하이머는 그 무기로 일본에 끔찍한 일이 일어날 것을 예감하고 불길한 감정에 휩싸였던 것이죠.

사실 독일 때문에 시작된 연구였지만, 미국의 원자폭탄 투하에 불을 지핀 결정적인 계기는 1941년 12월 어느 일요일, 미국 하와이주에서 벌어집니다.

🗨 일본에 투하된 두 발의 원자폭탄

일본은 하와이 진주만에 있는 미 해군기지를 급습했습니다. 군인 3,500명과 민간인 100여 명이 사상했고, 군함 20여 척이 침몰하거나 손상됐으며, 항공기도 300여 대가 파괴될 정도로 진주만은 심각한 피해를 입었습니다. 다음 날 루스벨트 대통령이 일본에 전쟁을 선포했는데, 이 전쟁이 바로 '태평양 전쟁'입니다.

> "앞으로 치욕의 날로 기억될 1941년 12월 7일인 어제, 미합중국은 일본 제국의 해군과 항공대로부터 고의적이고 기습적인 공격을 받았습니다.
>
> (중략)
>
> 본인은 1941년 12월 7일 일요일 일본의 부당하고 비겁한 공격 이후 성립된 미합중국과 일본 제국 간의 전쟁 상태를 의회가 승인해 줄 것을 요청하는 바입니다."

전쟁이 길어지면서 사상자는 늘어났습니다. 상황이 최악으로 치달으며, 미국은 전쟁을 끝낼 수 있는 방법으로 원자폭탄을 주장했습니다. 원자폭탄을 투하해야 일본이 항복할 것이고, 남은 미군들의 목숨을 구할 수 있을 거라고 판단한 것이죠.

하지만 오펜하이머를 비롯한 과학자들은 전쟁이 진행되는 구체적인 정세에 대해서는 잘 몰랐을 겁니다. 그중에는 무고한 시민에게 피해가 가지 않되 전쟁은 끝났으면 하는, 모순적인 바람을 가진 사람도 있었을 것이고, 반대파에 서서 폭탄 투하를 막으려고 하는 사람도 있었겠죠. 하지만 정부의 생각은 달랐습니다. 미국은 일본의 항복이 불가하다는 것을 알고 1945년 7월 26일, 일본에 '무조건 항복'을 요구하는 포츠담선언을 발표했습니다.

"더 이상의 대안은 없다. 우리는 지연을 원치 않는다.

(중략)

일본 군인은 무장 해제 뒤에 각자의 집으로 무사히 돌아갈 것이고, 평화롭고 생산적인 업무에 종사하게 될 것이다.

(중략)

이제 우리는 일본의 무조건적인 항복을 촉구하는 바이다. 이러한 제안을 받아들이지 않을 경우, 일본과 일본 국민에게 남는 것은 즉각적이고 철저한 파괴의 흔적뿐일 것이다."

이에 대한 일본 정부의 공식 입장 발표도 있었는데, 내용은 이랬습니다.

"포츠담선언은 일고의 가치도 없는 것이라고 본다. 선언을 묵살하는 것 외에는 다른 길이 없다. 우리는 전쟁을 성공적으로 끝내기 위해 결연히 싸울 것이다."

서로가 포기하지 않는 상황에서 미국은 결국, 태평양 전쟁을 끝내기 위해 원자폭탄을 일본에 투하하기로 결정했습니다.

사이판에서 4km 떨어진 티니언섬의 북쪽 노스필드(Northfield) 비행장에는 인류 최초의 원자폭탄 적하장이 숨겨져 있습니다. 지금은 에메랄드빛 바다와 드넓은 초원이 있는 것으로 유명한 관광지이지만 전쟁의 아픔이 남아있는 곳이기도 하죠.

기장 폴 티비츠(Paul Tibbets) 대령 어머니의 이름을 딴 '이놀라 게이(Enola Gay)'라는 폭격기에 원자폭탄인 '리틀 보이'와 '팻 맨'이 실렸습니다.

리틀 보이는 포신형, 팻 맨은 내폭형 폭탄이었습니다. 포신형 폭탄은 핵분열성 물질을 두 개로 나누어 설치하는데, 하나를 다른 한 부분에 대고 총처럼 쏘는 구조였습니다. 두 물질이 합쳐지는 데 상대적으로 긴 시간이 걸렸고, 농축된 우라늄도 필요했죠. 하지만 어려운 기술이 요구되지 않아 성공 가능성이 높았습니다.

이에 반해 내폭형 폭탄은 핵분열성 물질 주변을 일반적인 폭탄으로 둘러싸고, 안쪽을 향해 점점 모이도록 해 한 지점에서 폭발시키는 원리로 작동하는 구조였습니다. 핵분열성 물질이 빠르게 압축돼 큰 폭발이 일어날 수 있었는데, 우라늄을 사용하는 포신형과 다르게 플루토늄을 사용하기 때문에 자칫 투하 이전에 폭발해 버릴 수도 있다는 위험이 있었습니다.

리틀 보이를 실은 이놀라 게이가 히로시마로 출발했습니다. 투하 직전까지도 숨 막히는 긴장이 감돌았습니다. 오펜하이머는 혹시라도 작전이 실패할까 봐 철저한 사전점검을 했습니다. 비가 오거나 안개가 껴도 안 되고, 구름이 덮여도 폭탄 투하를 중지해야 했죠. 너무 높은 곳에서 폭발시켜도 안 되고, 목표물이 반드시 육안으로 보이는 상태여야 한다고 폭격기 탑승자들에게 신신 당부했습니다. 만약 통제대로 되지 않아 폭탄이 터지지 않는다면, 일본에 원자폭탄이라는 신무기를 고스란히 넘겨주는 꼴이 될 수 있었죠. 폭탄의 최종 조립은 히로시마로 향하던 폭격기 안에서 했는데, 조립된 상태에서 비행하다가 자칫 추락하는 사고가 생기면 티니언섬이 폭발하는 참사가 일어날 수 있기 때문이었습니다.

그렇게 운명의 날인 1945년 8월 6일, 일본 히로시마에 인류 역사상 전쟁에 쓰인 첫 번째 원자폭탄, 리틀 보이가 투하됐습니다.

리틀 보이와 팻 맨을 히로시마에 투하한 폭격기 이놀라 게이.
현재 스미스소니언(Smithsonian) 박물관에 전시돼 있다.

히로시마에 떨어진 리틀 보이

나가사키에 떨어진 팻 맨

리틀 보이가 히로시마에서
폭발하는 모습

　　리틀 보이는 투하 57초 만에 폭발했습니다. 버섯구름이 18km 상공까지 치솟았고 폭발 지점을 중심으로 12km 이내 모든 것이 완전히 파괴됐으며, 히로시마 인구 34만 3천여 명 중 무려 10만여 명이 그 자리에서 목숨을 잃었죠. 4,000℃의 뜨거운 열 폭풍이 일어났는데, 이 온도는 태양 흑점의 온도에 맞먹습니다. 사람들은 2,000℃의 열에 노출돼 살과 피부가 전부 녹아내렸습니다.

　　그리고 사흘 후, 나가사키에 두 번째 원자폭탄인 팻 맨이 투하됐습니다. 팻맨은 강렬한 섬광을 동반하며 폭발했죠. 산악 지대였던 나가사키는 평야지대였던 히로시마보다 비교적 피해가 적었지만, 폭발 중심으로부터 2km 떨어진 데서 안경 유리가 녹아버릴 정도로 처참한 결과를 낳았습니다. 리틀 보이와 팻 맨 투하 이후 일본은 결국, 항복을 선언했습니다.

팻 맨이 나가사키에서
폭발하는 모습

위대한 성공, 끔찍한 죄책감

원자폭탄 투하 후 오펜하이머의 마음은 어땠을까요?

일단 성공했으니 안심했을지 모르죠. 군 총책임자였던 그로브스도 그에게 최고의 찬사를 보냈습니다. "당신을 맨해튼계획의 총책임자로 뽑은 것이 내가 한 일 중 가장 잘한 일이다. 당신과 당신의 부하들이 자랑스럽다"라며 말이죠. 이렇게 오펜하이머는 미국 내 최고의 유명 인사로 인정받았습니다.

하지만 모든 것이 즐거운 일만은 아니었을 겁니다. 숱한 일본 시민들의 희생은 고스란히 남았으니까요.

원자폭탄 투하 성공 이후 그는 이러한 불안함과 고통에 휩싸이며 혼란스러운 모습을 보였는데, 자신이 만든 무기가 인류의 미래를 위협한다는 걱정과 무고한 시민들을 희생시켰다는 죄책감에 괴로워하면서도 "가장 안타까운 건 독일에 사용할 수 있게 원자폭탄을 빨리 개발하지 못한 것"이라는 말을 했다고 하니, 그가 성공 이후 얼마나 큰 고통에 시달렸는지 짐작해 볼 수 있을 것 같습니다.

시간이 지나면서 오펜하이머를 비롯해 맨해튼계획에 참여한 여러 과학자들은, 핵무기를 더 이상 사용하면 안 된다는 회의론자로 돌아섰습니다. 그리고 로스앨러모스 과학자 협회인 ALAS를 결성하게 되죠.

이를 계기로 그는 핵무기를 철폐하고 원자력 에너지의 국제적인 통제를 위해 다양한 활동을 벌였습니다. 이때 트루먼 대통령을 만나게 되는데, 트루먼은 오펜하이머와 생각이 달랐습니다. 원자폭탄의 가능성을 확인한 트루먼은 더 큰 꿈인 수소폭탄 개발을 진행하자고 주장했죠.

🗋 수소폭탄 반대와 의심받는 오펜하이머

트루먼을 만난 오펜하이머는 이렇게 말했습니다.

" 내 손에 피가 묻어있는 것 같습니다. 핵폭탄은 그만 만들어야 합니다. "

하지만 트루먼은 벌컥 화를 냈고, 뒤에서 오펜하이머를 이렇게 욕했다고 합니다.

" 그는 내 손에 묻은 피의 절반도 묻히지 않았어. 그걸 아프다고 떠들고 다녀? 본인이 원자폭탄을 개발해 놓고서 내 사무실로 찾아와 자신들의 손에 피를 묻혔다고 말하는 울보 과학자잖아. 미국이 소련보다 먼저 수소폭탄을 만들어야 해! "

도대체 수소폭탄의 위력은 어느 정도일까요?

원자폭탄의 위력을 측정하는 단위는 킬로톤(kt)입니다. 1kt은 일반적인 폭발물을 1,000t 정도가 폭발하는 위력이죠. 일본에 떨어진 리틀 보이와 팻 맨은 각각 15kt, 21kt 수준. 수소폭탄은 단위가 kt가 아닌 메가톤(mt)을 써야 할 정도의 위력을 지닌 폭탄입니다. '엄청나다'는 뜻으로 흔히 '메가톤급'이라는 말을 하기도 하는데, 이게 바로 수소폭탄의 위력을 측정하는 단위에서 나온 말입니다. 수소폭탄 1개를 터뜨리는 건, 곧 일반 폭발물 1,000,000t이 폭발하는 위력과 맞먹는다는 것이죠. 또 태양이 빛을 내는 원리가 수소폭탄이 터지는 원리와 동일하다고 하니, 수소폭탄 폭발은 곧 태양을 지구로 가져오는 것이나 다름없었습니다.

그럼에도 불구하고 원자폭탄의 성공 과정을 지켜본 트루먼은, 그 이상의 무기를 만드는 것도 가능해 보였고, 수소폭탄도 개발하자는 주장을 하게 된 겁니다.

원자폭탄을 만들기 전, 과거의 그라면 트루먼의 제안에 마음이 흔들렸을 겁니다. 하지만 원폭 투하 후 그의 신념은 완전히 변해버렸습니다. 끝까지 개발에 반대한 것이죠. 결국 수소폭탄은 그의 손이 아닌, 맨해튼계획의 일원이었던 물리학자 에드워드 텔러(Edward Teller)를 통해 개발이 시작됐습니다. 보다 못한 미국은 수소폭탄 연구를 반대하는 오펜하이머를 소련에서 온 스파이로 몰아가기 시작하죠. 마침 소련이 미국의 예상보다 빠른 시점인 1949년 8월 29일, 핵폭탄 실험에 성공했기 때문입니다. 미국 내에서 누군가 정보를 빼낸 게 아닌지 의심되는 상황이었습니다. 실제로 클라우스 푹스(Klaus Fuchs)라는 스파이가 있었는데, 독일 태생의 영국 물리학자로서 맨해튼계획에 참여한 과학자였습니다. 그는 원자폭탄 제조와 관련된 정보를 소련에 제공한 혐의로 유죄 판결을 받았죠. 오펜하이머는 핵무기의 위험성을 느껴 수소폭탄 개발을 반대했던 것일 뿐, 스파이가 아니었습니다.

오펜하이머뿐만 아니라 아인슈타인을 포함한 여러 과학자들이 인류의 미래를 위협할 핵무기 개발을 막고자 목소리를 높였습니다. 하지만 미국의 원자폭탄 개발 이후 소련도 핵무기 개발에 착수하면서 양국의 군비경쟁이 시작됐고, 미국은 소련과의 냉전에서 주도권을 쥐고 싶었습니다. 이에 트루먼은 핵무기를 대량으로 만들어 압도적인 우위를 차지하려는 전략을 세우고, 그 계획에 큰 걸림돌이 되는 오펜하이머에게 스파이 혐의를 씌우려고 한 것이죠.

그렇게 1954년 4월 12일, 오펜하이머를 추궁하는 청문회가 개최됐습니다. 청문회를 통해 오펜하이머에 대한 많은 것들이 밝혀졌는데, 심지어 오펜하이머 본인조차 모르는 이야기도 나올 정도였습니다.

특히 문제가 된 건 그의 전 애인인 '진 태트록(Jean Tatlock)'에 관한 것이었습니다. 진 태트록은 공산당원이었는데 이것이 청문회에서 밝혀진 겁니다. 오펜하이머는 결혼한 상태에서 태트록과 만나는 불륜을 저질렀고, 사람들은 오펜하이머도 진 태트록처럼 공산주의자가 아니냐는 의혹을 제기했습니다. 청문회의 쟁점은 '오펜하이머는 공산주의자인가?'였지만, 그와 상관없는 사적인 부분까지 낱낱이 밝혀지게 됐습니다. 심지어 다음과 같은 도청 보고서까지 떠돌았죠.

> "1943년 6월 14일 오펜하이머는 기차를 타고 버클리를 출발해 샌프란시스코
> 까지 가서 진 태트록을 만났고…
>
> (중략)
>
> 그들은 팔짱을 끼고 진 태트록의 1935년형 초록색 플리머스 쿠페 자가용을
> 타며 값싼 선술집, 카페, 댄스홀을 겸비한 카페로 향했다."

무슨 색 자동차를 탔는지, 어느 경로를 거쳤는지 지극히 사적인 정보까지 모조리 밝혀졌는데, 그중에서도 특히 그가 맨해튼계획에 참여하고 있을 때 진 태트록을 만나러 갔던 게 화근이 됐습니다.

11년 전의 사생활까지 들춰내며 미국 정부가 듣고 싶었던 말은, "태트록에게 원자폭탄 기술을 알려주고자 했다"라는 것 아니었을까요? 하지만 무고한 오펜하이머가 할 수 있는 대답은 한 가지뿐이었습니다.

> "나와 태트록이 만난 이유는, 서로가 여전히 사랑하고 있었기 때문입니다."

청문회가 끝난 뒤, 그는 결국 임기를 단 하루 앞둔 상태에서 원자력 위원회의 자격을 박탈당하고 말았습니다. 그러나 오펜하이머가 공산당에 가입했거나 스파이 혐의가 있다는 데 대한 뚜렷한 물증이 없었기 때문에 감옥에 가지는 않았습니다. 그리고 세월이 한참 지난 2022년 12월 15일, 미국 에너지부 장관의 성명을 통해 오펜하이머는 68년 만에 스파이 누명을 벗을 수 있었습니다.

다시 보는 오펜하이머,
전쟁이 남긴 것

2024년 7월 현재, 곳곳에서 전쟁이 벌어지고 있습니다. 제3차 세계대전이 일어날 거라는 이야기도 나오고, 그것이 핵전쟁으로 끝날 거라는 예측도 있죠. 이제 우리는 어느 나라에서 언제 핵무기를 사용할지 모르는 불안한 정세 가운데 놓여있습니다.

현재 핵무기를 자체적으로 보유한 나라는 모두 9개국이며 공식적인 핵보유국은 미국, 러시아, 영국, 프랑스, 중국 등 5개국이고, 비공식 핵보유국은 이스라엘, 인도, 파키스탄, 북한 등 4개국입니다. 이는 핵확산금지조약(NPT)에 따라 구분한 것인데, '1967년 1월 1일 이전에 핵을 보유한 나라'들은 공식적으로 '핵보유국'으로 인정하고, 그 외 4개국은 핵실험에 성공은 했지만 NPT 비회원국이므로 '비공식 핵보유국'으로 구분하고 있죠.

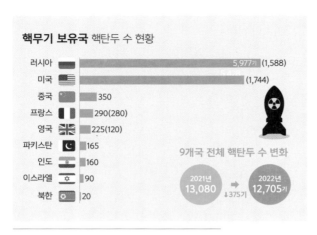

핵무기 보유국 핵탄두 수 현황(2022년 1월 기준 추정치)
(　): 실전 배치 수

플루토늄 재료만 있다면 핵무기를 만드는 건 어려운 일이 아니라고 합니다. 단, 핵무장을 하려면 NPT를 탈퇴해야만 하죠. 현재 NPT에 가입했다가 탈퇴한 국가는 북한이 유일합니다.

1964년, 제네바의 한 강의에서 오펜하이머는 사회자에게 이런 질문을 받았습니다.

"히로시마가 초토화된 걸 이미 알고 있다는 가정하에 1942년으로 돌아간다면, 그때도 원자폭탄을 만드시겠습니까?"

그는 이렇게 대답했죠.

"네. 저는 다시 돌아가도 원자폭탄을 만들 겁니다."

어쩌면 오펜하이머는 본인에게 주어진 일을 그저 열심히 했던 개인이 아니었을까 싶습니다. 불가능에 가까운 일을 성공시켜 '기적을 일으킨 영웅'인 동시에, 자신이 한 일을 돌아보며 후회했던 '평범한 사람'이기도 했죠.

영화 <오펜하이머>의 감독 크리스토퍼 놀란은 이런 말을 했습니다.

❝ 오펜하이머는 프로메테우스다. 그는 내가 그동안 다뤘던 캐릭터 중 가장 모호하고 역설적인 인물이었다. ❞

오펜하이머의 이야기를 접한 사람이라면 한 번쯤 '내가 오펜하이머라면 원자폭탄 개발을 진행했을까?'라는 생각을 해봤을 겁니다. 하지만 이것은 한 개인 과학자의 선택이라기보다, 원자폭탄을 개발하도록 한 국가와 권력의 문제이기도 합니다. 사회가 과학기술을 바람직하게 활용하는 방법에 대한 고민거리를 남겨주죠.

핵 문제가 지속되는 현 상황에서, 각 국가가 어떠한 선택을 해야 평화로운 미래를 꿈꿀 수 있을지, 국가에 속한 개인들의 소신과 의견도 중요한 때인 것 같습니다.

인물사담회
다시보기

2

인간에 집착한 혁신가,
스티브 잡스

#잡스를_둘러싼_소문 #스무살에_시작된_애플의_역사
#기밀문서에서_발견된_잡스의_성적표 #동양철학 #실패와_고집

Steve Jobs

(1955.2.24.~2011.10.5.)

"오늘 우리는 3개의 혁신적인 제품을 소개하려 합니다. 아이팟, 핸드폰, 인터넷. 이것들이 3개로 나뉘어 있는 게 아닙니다. 하나의 기기에 들어있죠. 저희는 이것을 '아이폰'이라고 부르기로 했습니다. 오늘, 우리는 핸드폰을 혁신할 겁니다."

2007년 1월 9일, 아이폰이 최초로 세상에 공개된 날입니다. 이날의 프레젠테이션은 오늘날 애플 열풍의 시초인 스티브 잡스(Steve Jobs)가 진행한 것으로 유명하죠. 그가 발표한 '스마트폰'의 핵심은 '과학기술'과 '인문학의 융합', 그리고 '단순함'이었습니다. 이는 당시 업계의 틀을 깬 파격적인 행보였는데요, 무엇이 그를 이토록 혁신적인 인물로 만들었을까요? 21세기 가장 창의적인 인물로 꼽히는 스티브 잡스에 대한 모든 이야기를 파헤쳐 보겠습니다.

'아는 사람'
잡스

📖 잡스에 대한 선입견

뛰어난 프레젠테이션 능력자, 존경받는 경영인으로 유명하지만 괴팍한 성격으로도 잘 알려진 스티브 잡스. 본인에게뿐만 아니라 부하 직원들에게도 실수를 용납하지 않았던 까다롭고 비인간적인 사람….

그를 둘러싼 좋지 않은 일화도 전해지는데요, 잡스에게 이런 부정적인 면이 있었던 것은 사실이지만 어디까지나 그의 일부분일 뿐, 이것으로 스티브 잡스의 인생을 평가할 수는 없습니다.

악명 높은 일화 뒤에 감추어진 배경과 그 속에 숨겨진 스티브 잡스의 진정한 모습은 무엇이었는지, 스티브 잡스의 아는 이야기부터 모르는 이야기까지 하나씩 살펴보도록 하겠습니다.

📗 애플 컴퓨터의 탄생과 성공

애플의 역사는 잡스가 스무 살 때 시작됐습니다. 그는 친구인 스티브 워즈니악(Steve Wozniak)을 따라서 직접 컴퓨터를 만드는 모임에 다녔는데요, 당시 워즈니악은 최초로 키보드를 누르면 화면에 글자가 나타나는 기계를 만들었고, 이를 보고 감탄한 잡스는 이 컴퓨터를 대량 생산해서 판매하자고 제안했습니다. 워즈니악이 컴퓨터를 제작하는 동안 잡스는 사업적 수완을 발휘해 자금을 끌어왔고, 그렇게 해서 첫 컴퓨터인 'Apple I'이 탄생합니다.

1976년에 생산된 이 컴퓨터의 시제품은 지난 2022년 8월, 미국 경매에서 약 9억 500만 원에 팔렸다는 소식이 전해졌는데요, 현재 Apple I은 전 세계에 단 50여 대가 남아있고, 이중 작동되는 건 불과 6대라고 합니다. 이 6대 중 1대는 제주도의 넥슨컴퓨터박물관에 보관돼 있죠.

애플이 글로벌 기업이 되면서 Apple I에 대한 가치도 재평가됐지만, 당시 Apple I의 반응은 그리 좋지 않았습니다. 키보드와 모니터를 따로 구매해서

넥슨컴퓨터박물관에 있는
Apple I

조립해야 했기 때문에 개발자나 컴퓨터 마니아들만 관심을 보였고, 결국 175대 정도밖에 팔리지 않았죠. 컴퓨터라는 기계가 당시 일반인들에게는 생소했기 때문에 잡스는 좀 더 대중적인 컴퓨터를 만들기로 결심하고 '키보드와 모니터까지 모든 게 갖춰진' 사용하기 쉬운 컴퓨터를 만듭니다. 그리고 컴퓨터 전문가가 아닌, 일반인들도 컴퓨터를 구매하도록 유도하기 위해 TV와 컴퓨터를 연결해 컬러로 게임을 즐길 수 있도록 했죠.

컴퓨터가 누구나 쉽게 접근할 수 있고, 인생에 즐거움을 주는 도구라는 이미지를 내세운 잡스의 전략은 다른 컴퓨터 회사와 제품을 차별화하는 데 성공했습니다. 4년 만에 무려 30만 대 이상의 판매량을 올리며 개인용 컴퓨터의 시대를 연 애플은, '기계에 대한 관심'에서 '인간에게 어떤 경험을 줄 수 있을지'에 대한 관심으로 확장하며 전 세계 소비자들을 열광하게 만들었죠.

Apple Ⅱ는 컴퓨터 마니아층을 형성하기도 했습니다. 1980년대 당시 청년들은 너도나도 컴퓨터를 만들고 구매하고 싶은 열망이 있었는데, 그중 한 명이 컴퓨터 백신 프로그램을 개발하며 '컴퓨터 의사'로 명성을 떨쳤던 '안랩'의 창업자 안철수입니다. 안철수는 과거 의과대학 재학 시절 친구가 갖고 있던 Apple Ⅱ를 어깨너머로 보면서 컴퓨터 세계에 빠져들었는데요, 그만큼 Apple Ⅱ는 당시 국내 이공계 전공 청년들에게도 큰 영향을 미쳤습니다.

놀랍게도 Apple Ⅱ의 바람이 불던 1983년, 스티브 잡스가 우리나라에 방문했습니다. 반도체 공급을 받기 위해 삼성 이병철 회장을 만난 것이죠.

당시 삼성은 반도체 산업에 진출한다는 선언을 한 지 1년도 안 된 상태여서 미국에서는 동양의 그저 그런 가전회사로 인식됐는데, 잡스는 삼성이 향후

반도체 분야에서 큰 역할을 할 것이라 생각했다고 합니다. 그리고 그의 예상은 적중해 그해 12월부터, 삼성은 반도체로 엄청난 성과를 달성하기 시작했죠.

잡스는 이병철 회장에게 경영에 대한 조언을 요청했고, 이병철 회장은 본인의 3대 경영 철학을 가르쳐 주었다는 이야기가 있습니다. 그는 스티브 잡스를 'IBM에 맞설 인물'이라고 평가했다고 하네요.

잡스의
'모르는 이야기'

📖 버림받는 것을 두려워한 유년기

비밀문서 한 장을 들여다봅시다.

FBI가 스티브 잡스를 뒷조사한 자료들인데, 원래 이 자료들은 2036년까지 공개되지 말아야 하는 자료로 분류됐습니다. 하지만 2011년 잡스가 사망하면서 정보공개법에 따라 세상에 알려지게 됐죠. FBI에서 뒷조사라니, 어떻게 된 일일까요?

FBI 자료에 따르면, 1991년 조지 부시 대통령은 스티브 잡스를 대통령 직속 기관인 수출위원회의 위원으로 추천했다고 합니다. 그러자 FBI는 인사 자료 수집차, 그의 친구와 이웃, 동료 등 30여 명을 인터뷰했고, 이를 바탕으로 191쪽에 이르는 방대한 양의 자료를 만들었죠. 뒷조사 후 결격사유가 발견되지 않아 결국 부시 행정부에서 잡스는 수출위원회 위원을 지낼 수 있었습니다.

그런데 이 기밀문서 중 스티브 잡스의 학창 시절에 관한 흥미로운 자료가 있습니다. 바로 잡스의 성적표죠.

캘리포니아 홈스테드고등학교에 다녔던 그의 성적은 4.0 만점에 2.65였습니다. 100점 만점으로 환산하면 66점으로 낙제점인 셈인데요, 사실 잡스는 학창시절 모범생이 아닌 문제아, 말썽꾸러기에 가까웠던 것으로 알려져 있습니다.

잡스가 방황하기 시작한 것은 암울했던 유년기의 영향이라는 해석이 있습니다. 미혼모의 아들로 태어나 곧바로 입양됐기 때문에 "부모는 나의 정자와 난자 은행일 뿐, 그 이상도 이하도 아니다"라는 말을 할 정도로 평생 생부모를 탐탁지 않게 여겼죠. 훗날 생부가 암투병하는 잡스를 만나고 싶어 했을 때도 거절했다는 이야기가 있습니다.

생부모에게 버림받았다는 사실은 잡스의 성격에도 영향을 미쳤는데요, 잡스가 대학 졸업 후 만난 친구인 그레그 칼훈(Greg Calhoun)은 그에 대해 이렇게 말했습니다.

> "잡스는 버림받은 것과 그것이 자기에게 안겨준 고통에 대해 많이 이야기했어요. 그것이 잡스를 독립적인 사람으로 만들었죠. 그는 자기 탐구에 많은 시간을 매달렸는데, 자신의 출생에 대한 좌절감에 더욱 깊이 파고들어 그것을 이해하려는 노력의 일환이었습니다."

📖 인도 순례로 얻은 신념, 애플 디자인으로 이어지다

고등학교 시절의 잡스

잡스는 고아라는 사실에서 오는 애정결핍, 정체성 혼란 등으로 인해 '인간의 본질'에 대해 깊이 탐구하며 자기 내면을 깊이 들여다보기 시작했습니다. 그러면서 동양철학에 관심을 갖게 됐죠. 스무살이 된 잡스가 친구 팀 브라운(Tim Brown)에게 보낸 편지를 읽어봅시다.

> "팀, 너의 편지를 여러 번 읽었어. 무슨 말을 해야 할지 모르겠어. 많은 아침이 왔다가 사라졌고, 많은 사람들이 왔다가 사라졌어. 나는 사랑했고, 여러 번 울었어. 하지만 변한 게 없네. 무슨 말인지 알겠니?
>
> (중략)
>
> 나는 4월에 열리는 쿰브 멜라에 참여하기 위해 인도에 갈 예정이야. 정확한 시기는 잘 모르지만 아마 3월이 되지 않을까 싶어."

방황하던 잡스는 이렇게 7개월에 걸친 인도 순례 여행을 떠납니다. 쿰브 멜라(Kumbh Mela)라는 수천만 명이 몰리는 힌두교 최대의 순례 축제에 며칠 동안 참가하기도 하는데, 그곳에서 인도의 한 유명한 수도사인 '파라마한사 요가난다(Paramahansa Yogananda)'가 명상과 요가에 대한 깨달음을 기록한 책 ≪요가난다, 영혼의 자서전≫을 읽게 됩니다. 후에 이 책은 그의 아이패

드에 유일하게 담긴 '인생책'이 돼 평생을 함께했죠. 특히 명상을 통해 터득한 직관력과 통찰력은 그에게 커다란 영감을 불러일으켰습니다.

인도에서 직관의 중요성을 깨달은 후 잡스는 미국에 돌아와 선불교에 심취하게 됩니다. 선불교 스승을 만나 그의 밑에서 명상하며 종교를 공부했죠. 선불교는 훗날 잡스가 극도의 '단순함'을 추구하는 철학의 밑바탕이 됐습니다. 애플에서 나온 제품들이 버튼을 최소화하는 등 단순함을 강조한 디자인이 된 건 잡스의 이런 철학이 반영된 것이죠. 또한 선불교는 잡스가 한 가지에 집중하는 능력을 길러주었고, 덕분에 불필요한 사업을 줄이고, 우선순위에 있는 몇 가지 제품 개발에만 집중할 수 있도록 했습니다.

> "인도에서 돌아온 후 서구 사회의 이성적 사고가 지닌 한계를 목격했다.
>
> (중략)
>
> 명상을 하면 직관력이 깨어나 전보다 훨씬 많은 것을 보는 밝은 눈이 생겨난다. 이 깨달음은 내가 말하는 방식에도 큰 영향을 미쳤다."

이렇게 인간에 대해 탐구하던 잡스는 엔지니어였던 양아버지 덕에 기술에 관심을 가지게 됐습니다. 양아버지는 중고차를 수리해서 재판매하는 일을 했는데, 이때 잡스를 차고로 데려와 자동차를 수리하며 전자공학의 기초를 가르쳐 주었습니다. 또 나사(NASA) 연구소로 데려가 그 당시 흔치 않던 컴퓨터 단말기를 보여주며 그가 컴퓨터에 흥미를 가질 수 있도록 도왔죠. 컴퓨터를 보고 첫눈에 반해버린 잡스는 그 길로 컴퓨터에 빠져들었고, 그때부터 우리가 잘 아는, 애플의 역사가 시작됩니다.

매킨토시의 실패

잡스는 Apple II 까지 성공시키며 승승장구했지만, 안타깝게도 Apple II 이후로 출시한 제품들은 줄줄이 실패하고 말았습니다. Apple III 와 이후 출시된 매킨토시도 반응이 시원치 않았죠. 마이크로소프트의 소프트웨어와 호환이 되지 않는다는 단점이 있기는 했지만, 매킨토시가 실패한 또 다른 이유 중의 하나는 잡스의 유별난 '고집' 때문이었습니다.

잡스는 매킨토시의 작동 소리가 시끄럽다는 이유로 컴퓨터에서 냉각 팬을 빼길 고집했는데, 결국 냉각 팬이 빠진 탓에 부품들이 쉽게 고장 나고 작동 속도도 느려진 것이죠. 이때부터 잡스의 괴팍한 성격이 본격적으로 드러나기 시작합니다.

예민해진 잡스는 자신이 새롭게 영입한 CEO 존 스컬리(John Sculley)와도 갈등을 빚었습니다. '마케팅의 천재'로 불리던 스컬리는 무엇보다 '이윤

매킨토시와 잡스

추구'를 우선시했는데요, 그는 최고의 성능을 위해 엄청나게 비싼 원가로 제작된 매킨토시의 판매가를 높여 이윤을 극대화하려 했고, 반면 잡스는 가격을 내려 더 많은 사람들이 제품을 구입할 수 있기를 바랐습니다. 즉, 잡스는 이윤 추구가 아닌, 사람들을 감동시킬 수 있는 제품을 만듦으로써 '혁신'을 하고 싶었던 것이죠.

그만큼 매킨토시는 기술적인 면에서 혁신적인 제품인 건 분명했습니다. 이전까지는 까만 화면에 복잡한 명령어를 일일이 입력해서 사용해야 했지만, 매킨토시는 우리가 지금 아는 컴퓨터 화면처럼 아이콘을 마우스로 클릭해 사용하는 방식을 최초로 상용화한 컴퓨터였으니까요.

이처럼 매킨토시는 소비자에 대한 이해가 뛰어난 제품이었지만, 시대를 너무 앞서가는 바람에 빛을 보지 못했다는 평가가 많습니다.

잡스는 매킨토시 판매 부진으로 '꼬장'을 부려대는 탓에 다른 동료들과도 마찰을 일으켰습니다.

당시 잡스가 얼마나 괴팍한 성격의 보스였는지 생생히 알 수 있는 전 직원의 인터뷰가 있습니다. 이 직원은 잡스에게 무려 5번이나 해고당한 경험이 있는 미국의 유명한 마케터이자, 기업가인 앤디 커닝햄(Andy Cunningham)입니다.

" 잡스는 제게 이렇게 말했습니다.
'당신이 하는 일이 마음에 들지 않습니다. 우리는 이쯤에서 그만둡시다. 당신은 해고됐어요.'
잡스는 함께 일했던 모든 사람들에게 화를 냈어요. 사람들에게 종이 뭉치 따위를 던지며 욕하고, 옷차림을 지적하기도 했습니다. "

잡스는 매킨토시의 부진한 실적에는 자신을 제외한 모든 사람들에게 원인이 있다고 보고, 복도를 배회하며 비난을 퍼부어 댔습니다.

그러던 어느 날, 잡스는 존 스컬리를 해고하기 위해 이사회를 소집했습니다. 하지만 스컬리는 그 자리에서 도리어 잡스를 해고하자고 임원들에게 제안했고, 임원들은 만장일치로 동의합니다. 잡스가 오히려 해고를 당한 것이죠.

괴팍한 성격의 잡스는 만장일치로 해고에 동의하는 임원진을 보며 어떤 반응을 보였을까요? 평소대로라면 배신감에 불같이 화를 냈겠지만, 뜻밖에도 공식 회의에서 경영 능력을 입증할 기회를 달라며, 자존심을 내려놓고 존 스컬리에게 간청했습니다. 하지만 이것마저 거절당하고 해고가 확정되자, 잡스는 사무실로 돌아가 팀원들 앞에서 엉엉 울었다고 합니다. 며칠간 집에서 블라인드를 쳐놓고 방에 틀어박혀 한동안 두문불출했죠. 훗날 그는 이때의 심정에 대해서 이렇게 말했습니다.

"주먹으로 강타당한 느낌이었다. 분위기에 완전히 난타당해 숨조차 쉴 수 없었다."

픽사가 꺾은 잡스의 고집

"그 해고는 참으로 쓰디쓴 약이었지만 나 같은 환자에게는 필요한 약이었다."

잡스가 해고 당시를 회상하며 한 말입니다. 이후 그의 행적은 어땠을까요? 그는 새로운 컴퓨터 회사인 넥스트를 창업해 뛰어난 운영체계를 개발했습니다. 훗날 애플 컴퓨터에 자리 잡은 운영체계가 바로 이때 탄생됐죠.

또 이 시기에 영화 CG 회사였던 픽사를 인수해 애니메이션 회사로 만들었는데, 우리가 잘 아는 애니메이션 <토이 스토리>가 이때 개봉하면서 엄청난 흥행을 하게 됩니다. 해고로 인한 슬픔과 좌절에도 불구하고 재기에 성공한 것이죠.

잡스는 넥스트에 있을 때도 성격적 결함을 고치지 못해 번번이 시행착오를 겪었습니다. 그러나 픽사에 있으면서 사업가와 인간으로서 더욱 성장하게 됐죠. 컴퓨터 회사였던 애플이나 넥스트에서 잡스는 최고의 전문가로서 높은 위치에 있었지만, 픽사에서는 그렇지 않았습니다. 그렇기 때문에 소속원들의 열정과 공헌을 존중하며 그들의 말을 경청하는 능력을 개발할 수 있었죠. 타인에 대한 배려와 인내, 공감하는 법을 체득하며 그는 자신을 성찰할 줄 아는 리더로 발전할 수 있었습니다.

여기에 관련된 흥미로운 일화도 있습니다. 어느 날 픽사에서 임원들이 모인 가운데 신작 영화를 평가해 보는 시사회가 열렸는데, 당시 크리에이티브 책임자인 존 래스터(John Lasseter)가 잡스에게 영화에 대해 어떻게 생각하느냐고 물은 겁니다. 이에 잡스는 "좋은데요, 물론 제 생각이 중요한 건 아니지만요"라며 한 걸음 물러서는 대답을 하자 잡스의 의견이 중요하다며 래스터가 재차 물었고, 잡스는 이렇게 답합니다.

"아니에요. 여러분이 판단하세요. 전 여러분을 믿어요."

천 개의 노래가 주머니에, 아이팟

한편 CEO였던 잡스가 부재한 애플은 엄청난 적자를 내고 있었습니다. 경쟁자였던 마이크로소프트가 데스크톱 시장에서 두각을 보이는 상황에, 애플의 경영진은 수익을 올리는 데만 몰두해 제품 개선에는 관심이 없었기 때문인데요, 이후 애플의 CEO가 여러 번 바뀌었지만 위기를 돌파하지 못했고, 결국 잡스가 애플로 복귀하게 됩니다.

돌아온 잡스는 'PC의 전성기가 끝났다'고 선언하며 이제는 여러 종류의 디지털 기기가 일상을 지배하는 '디지털 라이프(Digital Life)' 시대가 올 것이라 전망했습니다. 그리고 '아이팟'을 출시하죠. 애플 기기를 소비자의 일상에 녹아들게 하는 방법, 그 첫 번째 시도가 '음악'이었습니다.

2000년대 초반, 아이리버와 같은 회사들이 MP3 플레이어 시장을 꽉 잡고 있었기에 잡스의 도전을 우려하는 사람도 많았지만, 잡스는 아이팟으로 소비자가 기존 MP3로부터 느낀 불편함을 단번에 해결했습니다. 당시 CD로 음악을 듣는 시대에서 '음원'을 PC에서 '다운로드' 받아 듣는 시대로 전환되던 시기였기 때문에, 디지털 음원을 구매하는 비용도 만만치 않았고, 무엇보다 PC에서 받은 곡을 MP3에 옮기기도 어려웠습니다. 그러다 보니 불법으로 음원을 다운로드 하는 사람들이 늘어났죠. 잡스는 곧장 대형 음반사들을 설득해 음원 가격을 대폭 낮췄습니다. 음반사들은 처음엔 반발했지만, 소비자가 불법이 아닌 '합법적 내려받기'를 선택할 수 있는 새로운 환경을 만들어야 한다는 잡스의 말에 수긍하게 됩니다. 그리고 PC에서 받은 곡을 아이팟으로 쉽게 전송할 수 있도록 허가도 받아냈죠. 잡스가 소비자의 심리를 꿰뚫어 본 것은 적

(왼쪽부터)아이팟 5G, 나노 2G, 셔플 2G 모델

중했고, 아이팟은 전 세계에서 인기를 모으게 됩니다. 예쁜 디자인에 노래도 1,000곡이나 들어가는 아이팟이 등장하자, 많은 사람들의 구매욕을 자극하게 된 것이죠.

경쟁사들은 아이팟을 따라잡기 위해 열을 올렸습니다. '우리 MP3는 5GB 예요'와 같이 용량으로 차별화하며 홍보하는 회사도 있었지만, 잡스는 단 한 문장의 말로 아이팟을 설명했습니다.

" 천 개의 노래가 당신의 주머니에 "

아이팟이 어떤 제품인지, 소비자들을 바로 이해시킨 말이었죠. 픽사에 있을 때 잡스는 사람의 '마음'을 움직이는 게 중요하다는 것을 깨달았는데, 이것이 아이팟을 만들 때 강하게 작용했습니다. 사람의 심리에 집중했기 때문에 대성공을 거둘 수 있었죠.

고집 꺾자 보인 미래

'잡스' 하면 뛰어난 프레젠테이션 능력을 빼놓을 수 없습니다. 특히 2007년 아이폰을 출시할 때의 프레젠테이션은 여전히 전설로 남아있죠.

아이폰 출시를 계기로 애플의 엄청난 팬덤이 형성됐는데, 팬층이 어찌나 두터웠던지 거의 신흥종교 수준이었습니다.

예전에 BBC 다큐멘터리에서 애플 팬들을 상대로 실험을 한 적이 있었습니다. 신경학자들이 한 '애플 팬보이[애플 제품에 열광하는 팬'이라는 뜻의 신조어]'의 뇌를 MRI로 검진했는데, 애플 기기들을 보여줬을 때 뇌의 특정 부위가 밝아지는 현상이 나타난 겁니다. 이것은 신도들에게 신과 관련된 이미지를 보여줬을 때와 유사한 반응이었다고 하네요.

그렇다면 도대체 왜, 사람들은 유독 '잡스가 만든 제품'에 열광한 걸까요? 잡스는 이에 대한 답을 미리 해두었습니다.

> "우리는 기술만으론 부족했다. 그래서 기술에 인문학과 인간성을 결혼시켰더니 비로소 소비자의 심장이 노래하기 시작했다."

잡스는 고객의 심장이 노래할 정도로 감동을 줄 제품을 만드는 게 중요하다고 여겼습니다. 이전까지의 IT 기업들은 제품을 만들 때 '기술'에 치중해 카메라 화소를 높이고 배터리 유지 시간을 늘리는 등 신기능 홍보에 집중했지만, 잡스는 기술보다 '사람'을 먼저 생각한 것이죠. 기술 자체가 어렵게 느껴져 대중에게 잘 와닿지 않는다고 판단해, 사람들이 진짜 좋아하는 게 무엇일지 고민했습니다. 인도까지 찾아갈 정도로 사람에 대한 성찰을 쉬지 않았던 그는, '인간의 본능'이 반응하는 제품을 만들어야 한다는 신념을 굽히지 않았죠. 그리고 기술이 아닌, 소비자에게 형성될 '경험'을 디자인하기로 마음먹습니다.

잡스는 '현실왜곡장'이라는 별명을 갖고 있었는데, 말 그대로 현실을 왜곡하듯, 불가능해 보이는 일을 가능하게 만드는 사람이라고 해서 붙여진 별명입니다. '사람들을 끝내 설득해 내는 능력'. 그를 설명할 수 있는 최적의 수식어가 아닐까 싶네요.

그의 이 '집요한 성격'을 잘 보여주는 일화가 있습니다.

아이폰의 본래 디자인은 알루미늄 케이스 안에 유리 스크린을 넣는 방식이었는데 잡스는 이것이 통 마음에 들지 않았습니다. 그래서 수석 디자이너를 찾아가 디자인이 마음에 들지 않으니 화면이 돋보일 수 있도록 디자인을 완전히 바꾸라고 지시합니다. 9개월간의 사투를 벌이며 완성 단계를 앞두고 있는 디자이너에게 "총을 줄 테니 자신을 죽이든지, 아니면 디자인을 바꾸는 작업을 시작하라"고 한 것이죠. 이미 다 끝낸 작업이나 다름없는 상황에서 다시 밤낮없이 일하라는 무리한 요구였음에도 불구하고, 직원들은 잡스의 비전에 공감하며 열정을 보였습니다. 당시 직원들의 말에 따르면, 잡스는 언제나 어떤 일이든 불가능하다고 생각하지 않았기 때문에 모든 일을 해낼 수 있었고, 주위 사람들도 그 영향을 받았다고 하네요.

2007년 아이폰이 처음으로 출시됐을 때만 해도 앱이 다양하지 않았습니다. 그의 고집스러운 성격 탓에 자체 개발한 앱 말고는 사용할 수가 없었기 때문이죠. 결국 이사회가 나서서 잡스를 끈질기게 설득하자, 잡스는 자신의 고집을 거두고 새로운 대안을 내놓았습니다. 외부의 앱 제작을 허용하되 오직 애플에서만 판매하게 하는 것이었죠. 결과는 대성공. 그야말로 대박이 났습니다. 또 기업에만 주어졌던 개발의 기회를 일반인들에게까지 확장해 주면서 기존에 없던 새로운 산업을 개척해 냈습니다.

잡스가 해고 전처럼 고집불통이었다면 이런 성공은 아마 경험할 수 없었을 겁니다. 게다가 2011년, 잡스가 애플 대표 자리에서 물러날 때 전 직원의 97%가 잡스를 지지했다고 하니, 혹독했던 시절이 그를 현명하고 성숙하게 만든 게 아닐까 싶네요.

스마트폰의 시대를 열다

'포노 사피엔스(Phono Sapiens)'라는 말을 들어보셨나요?

포노 사피엔스는 '스마트폰'과 '호모 사피엔스'의 합성어로, '휴대폰을 신체의 일부처럼 사용하는 새로운 세대'를 뜻합니다.

2015년 2월, 잡지 《이코노미스트》는 포노 사피엔스의 시대가 도래했다며 기사 '스마트폰의 행성'을 게재했습니다. 스마트폰 없이는 살 수 없는 새로운 인류 문명의 시대가 왔다는 내용이었죠.

스마트폰의 시대를 연 아이폰은 전 인류에 혁명을 일으킨 도구입니다. 우리나라만 해도, 일상에서 필수적인 매체가 뭐냐고 묻는 질문에 전 국민의 70%가, 10대에서 20대까지는 90% 이상이 스마트폰이라고 답했다는 조사 결과가 있습니다(2023년 방송통신위원회 '2023 방송매체 이용 행태 조사'). 시가총액 기준 세계 20대 기업 중 5대 기업(2024년 9월 기준)으로 꼽히는 애플, 마이크로소프트, 엔비디아, 구글, 아마존 모두 포노 사피엔스를 소비 타깃으로 하는 기업이니, 스마트폰이 인류에 얼마나 혁신적인 기여를 했는지 충분히 알 수 있겠죠.

잡스가 사망했을 당시 애플의 가치가 하락할 것이라고 예상한 사람들이 많았는데, 실제로 애플의 가치는 어땠을까요?

잡스가 사망할 때 애플 시가총액은 약 3,500억 달러였습니다. 그리고 10년 후, 시가총액은 2조 달러를 돌파했는데, 이는 약 7배 이상 상승한 결과였습니다. 잡스의 후임자였던 팀 쿡(Tim Cook)이 취임한 지 10년이 지났을 때는 주가가 무려 1,200%나 상승했습니다.

사실 잡스가 애플을 일으킨 건 맞지만, 계속 잡스의 고집대로 갔다면 지금만큼 성장하지 못했을 거라는 해석이 있습니다. 잡스는 아이폰에서 4인치 디스플레이를 고집했지만 팀 쿡은 대세에 맞게 디스플레이 크기를 4.7인치 이상으로 키웠는데, 커진 화면 덕에 더 많은 소비자들을 끌어모을 수 있었습니다. 실제로 화면이 커진 아이폰 6가 애플 역사상 최대 판매량을 기록했다고 하는데요, 이런 점으로 미루어 볼 때 팀 쿡은, 잡스의 혁신을 대중화하는 데 기여한 인물이라고 볼 수 있겠습니다.

죽음이란, 삶이 만들어 낸 최고의 발명품

" 우리 모두는 언젠가 죽을 것입니다. 누구도 피해 갈 수 없습니다. 죽음이란, 삶
이 만들어 낸 최고의 발명품이니까요. 여러분의 시간은 한정돼 있습니다. 다
른 사람의 삶을 사느라 시간을 낭비하지 마십시오. "

_ 2005년 잡스의 스탠퍼드대학교 졸업식 연설 중

잡스는 2011년 10월 5일 56세의 나이에 췌장암으로 사망했습니다. 그가
사망하기 하루 전날, 소프트뱅크 손정의 사장은 애플 본사에서 팀 쿡과 회의
중이었는데요, 회의 도중 잡스가 애플의 차기 제품에 대해 논의하고 싶다는
연락을 해오고, 두 사람은 만날 약속을 잡았습니다. 하지만 다음날, 잡스의 사
망 소식이 전해진 것이죠.

마지막까지 일에 매진하며 자신의 소명을 다한 잡스. 그는 평소 거울을 보
며 '오늘이 내 삶의 마지막 날이라면 나는 지금의 일을 할 것인가?'라는 질문
을 던졌다고 하는데요, 어쩌면 그가 이 질문에 분명히 답을 하고 떠난 것일지
도 모르겠습니다.

다시 보는 잡스,
누구보다 '사람'을 생각했던 혁신가

잡스를 한마디로 이야기하면 '사람을 생각한 혁신가'가 아닐까 싶습니다. 20대 때 인간의 본질에 대해 탐구하며 애플의 역사가 시작됐고, '어떻게 하면 고객의 마음을 사로잡을 수 있을까'를 고민한 끝에, 혁신적인 제품들을 개발해 냈으니까요.

초기에는 고집불통인 성격 탓에 실패를 겪었지만, 마침내 타인의 의견에도 귀 기울일 수 있게 되면서 실력 있는 CEO이자 혁신가로 널리 인정받았습니다.

'사람을 위한 기술'로 고객을 넘어 직장 동료, 부하 직원들의 마음도 사로잡은 잡스는, 이제 포노 사피엔스가 된 인류의 마음도 사로잡고 있습니다.

잡스는 세상을 떠났지만, 그의 영향력은 계속되고 있습니다. 애플이 신제품을 출시할 때마다 전 세계가 들썩이고, 소비자들이 애플의 제품을 사용하는 데 자부심을 느끼며, 스마트폰을 손에서 놓지 못하게 만들었으니 말이죠.

인물사담회
다시보기

3

전쟁의 트라우마를 극복하는 법,
오드리 헵번

#로마의_휴일 #세기의_배우 #헵번의_남자
#전쟁영화를_거절한_이유 #헵번과_나치 #최책감 #말년의_아프리카 #기억의_숲

Audrey Kathleen Hepburn

(1929.5.4.~1993.1.20.)

　한 시대를 풍미한 세기의 연인, 20세기 할리우드의 아이콘.

　검은 드레스에 진주 목걸이 스타일링을 완성시킨 패션의 상징이기도 하죠. 말년에 유니세프에서 활발한 구호 활동을 하며 외모만큼 마음도 아름답다는 것을 증명한 인물, 오드리 헵번(Audrey Hepburn)의 이야기입니다. 워낙 화려한 이미지가 강하다 보니 오드리 헵번 하면 그의 외모를 먼저 떠올리는 사람들이 많지만, 실은 화려한 외모에 가려져 우리에게 잘 알려지지 않은 이야기들이 많습니다. 그가 미국이 아닌 벨기에 출신이라는 것, 또 히틀러, 안네 프랑크와 연결고리를 갖고 있다는 것도 우리가 잘 모르는 이야기 중의 하나죠.

　제2차 세계대전이 헵번의 일생에 어떤 영향을 미쳤는지, 배우가 아닌 인간 오드리 헵번은 어떤 인생을 살았는지, 헵번의 아는 이야기와 모르는 이야기를 하나씩 살펴보겠습니다.

'아는 사람'
헵번

📄 <로마의 휴일>

　<로마의 휴일>은 헵번의 첫 주연 작품이었습니다. 한국전쟁 정전협정이 이뤄지던 해인 1953년에 개봉한 영화로, 지금으로부터 약 70년 전에 첫선을 보인 작품입니다. 우리나라에서는 과거 1997년에 실시한 설문조사에서 '한국인이 다시 보고 싶은 영화' 1위에 오르기도 했을 만큼 국내에서도 큰 사랑을 받았던 작품으로 꼽힙니다.

　<로마의 휴일>의 인기는 대단했습니다. 영화를 보고 로마 여행을 가는 사람들이 증가했고, 영화에 등장하는 장소들은 필수 관광 코스가 될 정도였죠. 사람들은 영화 속 주요 장소인 스페인 광장에 몰려들어 젤라토를 먹고 사진을 찍으며 영화 속 주인공이 된 듯한 기분을 즐겼습니다. 젤라토 때문에

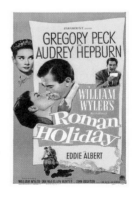

<로마의 휴일>
포스터

거리 곳곳이 지저분해지자 이탈리아 당국은 반경 내 젤라토 가게를 철수시키고, 스페인 계단에 앉는 것도 금지했습니다. 영화 속 줄거리는 이렇습니다.

외교 사절로 로마에 방문한 어느 나라의 공주 '앤(오드리 헵번)'은 쉴 틈 없이 꽉 찬 일정에 피로감을 느끼고 어느 날 밤 몰래 숙소인 대사관을 빠져나갑니다. 그런데 탈출 전 주치의가 놔준 진정제에 수면제 성분이 들어있어 길거리에서 그만 잠이 들어버리죠. 이때 우연히 그곳을 지나가던 기자 '조(그레고리 펙)'가 앤을 발견하고는 자신의 집으로 데려가 하룻밤을 편히 재워줍니다. 다음날 앤의 신분을 알게 된 조는 특종감에 욕심이 생겨 사진기자인 친구에게 부탁해 자신이 앤과 하루를 보내는 것을 몰래 촬영하게 합니다. 하지만 데이트를 하면서 귀엽고 사랑스러운 앤에게 매력을 느끼게 되고, 앤 역시 자신에게 최고의 하루를 선물한 조에게 반하게 되면서 결국 조는 특종으로 다루려던 것을 포기합니다.

스페인 계단을 배경으로 서있는 헵번과
남자 주인공 그레고리 펙

짧지만 강렬한 사랑 이야기로 엄청난 인기를 모은 <로마의 휴일>은 주인 공인 오드리 헵번을 일약 세계적인 스타로 발돋움하게 해주었습니다. 오드리 헵번은 아카데미 여우주연상과 골드 글로브 여우주연상을 비롯해 여러 권위 있는 상을 휩쓸며, 앤 공주 역할을 완벽히 소화해 냈다는 찬사를 받았습니다. <로마의 휴일>은 우리나라뿐만 아니라 전 세계적으로 사랑을 받으며 시대를 초월한 고전으로 자리매김하게 됐습니다.

이 영화의 대본은 이미 40년대 중반에 나와 있었지만, 역할에 맞는 배우를 캐스팅하기 어려워 포기하고 버려져 있었다고 합니다. 그도 그럴 것이 원하는 배우의 조건이 '미국식 악센트가 없고, 공주 교육을 받았다고 믿을 만큼 우아한 이미지'였다고 하니 거기에 걸맞은 배우를 찾는 게 쉽지는 않았겠죠.

이후 오드리 헵번이 24세 때인 1953년, <폭풍의 언덕> <벤허>로 유명한 윌리엄 와일러(William Wyler) 감독이, 단역으로 연극에 출연한 헵번을 발견합니다. 처음엔 '앤 공주의 역으로 잘 맞을까' 긴가민가했지만 카메라 테스트를 하자 심사위원 모두가 그의 연기에 감탄했고, 결국 헵번을 캐스팅하기로 결정합니다. 테스트 중 감독이 "춤을 추기엔 너무 키가 크다"고 하자 발레 무용수였던 헵번은 "그냥 저 한번 봐주세요"라고 하며, 왕실 교육을 받은 듯한 꼿꼿하고 우아한 이미지를 자랑했다고 하네요.

어린 시절 발레리나가 꿈이었던 헵번은 5세 때부터 영국에서 발레 교육을 받으며 음악과 춤에 대한 관심을 꿈을 키워갑니다. 하지만 큰 성과를 거두지 못하고 생계가 어려워지자, 단역으로 연극에 출연하며 배우의 길로 들어서게 됐죠.

📖 '하층민'부터 '공주'까지

택시에서 내려 한 손에는 크로와상을, 다른 한 손에는 커피를 들고 화려한 보석 가게 쇼윈도 안을 들여다보는 주인공 홀리(오드리 헵번). 검은 드레스에 진주 목걸이를 한 홀리는 반짝이는 보석만큼 화려하고 아름답지만, 현실은 신분 상승을 꿈꾸는 소위 '콜걸'이었습니다.

헵번의 또 다른 대표작으로 꼽히는 영화 <티파니의 아침을>의 유명한 오프닝 장면이죠. 1962년에 개봉한 이 영화의 오프닝은 <티파니에서 아침을>을 대표하는 명장면이 됐습니다.

<로마의 휴일>에서 우아한 공주 역할을 선보였던 헵번에겐 완전히 다른 스타일의 역할이었지만, 그에 못지않게 이 역시 잘 소화해 냈다는 평가를 받았습니다.

<티파니에서 아침을>은 소설이 원작인데, 영화 제작이 결정됐을 때는 원작자가 마릴린 먼로(Marilyn Monroe)를 주인공으로 생각했다고 합니다. 하지만 계약이 불발되면서 오드리 헵번이 물망에 오르게 됐고, 작가는 공주 역할을 맡던 배우에겐 어울리지 않는 역할이라며 반대하고 나섰습니다. 그럼에

<티파니에서의 아침을>의
오프닝

도 불구하고 제작사가 작가를 끈질기게 설득했고, 결국 헵번이 캐스팅되면서 이 작품이 헵번의 또 다른 대표작으로 자리 잡게 되죠.

헵번은 화류계 여성 홀리뿐만 아니라 1959년 작(作) <파계>의 수녀 '가브리엘', 1968년 작 <어두워질 때까지>의 시각 장애인 '수지' 역 등 과부, 수녀, 하층민 여성 등 다양한 역할을 훌륭하게 소화해 냅니다. 대부분의 사람들은 헵번의 아름다운 외모만을 기억하지만, 사실 헵번은 연기력도 매우 뛰어났고 연습 벌레로 유명할 만큼 성실했다고 합니다.

📄 헵번이 사랑했던 남자

세계가 사랑한 여인 헵번은 어떤 남자를 사랑했을까요?

헵번이 결혼한 멜 페러(Melchior Ferrer)는 영화 <로마의 휴일>의 남자 주인공이었던 그레고리 펙(Gregory Peck)이 소개한, 배우 겸 영화감독이었습니다. 멜 페러는 헵번보다 12살이나 많았지만 두 사람은 대화가 잘 통해 금세 가까워졌죠. 이미 3번이나 이혼한 전력이 있는 데다가 아이도 4명이나 있어서 멜 페러를 보는 주위의 시선이 탐탁지는 않았지만, 헵번은 그를 사랑했습니다. 그리고 평생을 함께하기로 약속했죠.

결혼 후 헵번은 결혼 생활 이외에 그 어떤 것에도 큰 의미를 두지 않았습니다. 무엇을 하든 남편과 함께하려 했던 헵번은, 남편 없이는 인터뷰는 물론 사진을 찍는 것도 응하지 않으려 했죠. 배우로서 홀로 성공하는 것은 행복을 가져다주지 않는다고 여겨, 당시 유명 감독들의 출연 제안을 뿌리치고 남편

멜 페러와 헵번

이 제작하는 영화를 물심양면 돕기도 했습니다. 하지만 그 영화들이 줄줄이 흥행에 실패하면서 형편이 어려워지자 돈을 벌기 위해 쉴 틈 없이 영화를 찍었습니다.

스크린에서 빛나며 잘나가던 배우 헵번은 결혼 이후 왜 남편의 성공에 매달리며 남편의 조력자로서 내조에 집착했을까요?

사실 헵번은 배우보다 누군가의 아내, 누군가의 엄마로 살고 싶은 마음이 컸습니다. 첫 번째 임신 때 사고로 유산을 했고, 이후 잦은 유산 끝에 아들 션 페러(Sean Ferrer)를 낳았습니다. 오랜 시간 아파하며 기다리다 얻은 아들이다 보니 가족에 대한 애착이 강해졌죠. 헵번은 아이와 떨어지고 싶지 않았지만, 남편은 계속 배우로 일하기를 강요했습니다.

<티파니에서 아침을>은 그렇게 첫아들을 낳자마자 시작한 영화였습니다. 헵번은 그 이후에도 계속 성공을 거두었지만, 남편 페러는 배우와 감독으로서 점점 명성을 잃어갔습니다. 엎친 데 덮친 격으로 헵번은 또다시 유산의 아

품을 겪으면서 이혼을 결심하게 됩니다. 멜 페러는 헵번과 이혼 뒤 다른 여자와 5번째 결혼을 한 뒤 90세에 생을 마감하죠.

헵번도 멜 페러와 헤어진 뒤 크루즈 여행에서 만난 9살 연하의 남자와 재혼을 하게 됩니다. 상대는 <로마의 휴일>을 보고 헵번에게 푹 빠진, 이탈리아인 안드레아 도티(Andrea Dotti)였죠. 두 사람은 크루즈 여행에서 우연히 만난 뒤 반년도 채 되지 않아 결혼에 성공했습니다.

둘 사이에는 아들이 태어났고, 행복한 가정을 꿈꾸던 헵번은 첫 결혼 때와 마찬가지로 배우로 일하는 시간을 줄이고 이탈리아에서 전업주부로 살았습니다. 이것이 화근이 됐죠.

남편은 영화 속 반짝이는 헵번에게 반한 사람이었기 때문에 집에서 아내로서만 지내는 헵번에게 매력이 없다고 느꼈습니다. 그래서 잦은 바람을 피웠고, 결국 이혼에 이르게 됩니다. 부모의 이혼을 겪으면서 자신은 어떻게든 행복한 가정을 만들겠다는 꿈을 꿨는데, 두 번째 결혼까지 실패했으니 헵번의 상실감도 매우 컸을 겁니다.

오드리 헵번과
안드레아 도티

헵번의
'모르는 이야기'

🔖 헵번과 히틀러

헵번은 영화 출연을 결정할 때 고집하는 기준이 있었습니다. 바로 '전쟁과 폭력 장면이 없어야 한다'는 것이었습니다. 이러한 철칙 때문에 당대의 영화계의 거장 히치콕(Alfred Hitchcock)과도 원수지간이 되죠. 대본에 헵번이 성폭행당하는 장면이 있었는데 이를 뒤늦게 확인한 헵번이 촬영을 거부하며 출연을 취소하자, 히치콕이 '배우로서 기본이 안 된 여자'라며 헵번을 비난한 겁니다.

또 전쟁 장면이 있는 영화는 전부 거절했고, 불가피하게 전쟁 상황을 묘사해야 할 때는 소리 등 다른 방법을 활용하도록 했습니다. 예외적으로 딱 한 편 <전쟁과 평화>에는 출연했는데, 이는 남편 멜 페러가 출연을 부탁한 영화였습니다.

헵번이 전쟁 장면이 있는 영화를 거절한 이유는 그에게 전쟁 트라우마가 있었기 때문인데요, 헵번이 만 10세가 됐을 때 제2차 세계대전이 발발했습니다. 이때 헵번은 가족을 잃는 고통과 끔찍할 정도의 굶주림을 겪어야 했죠. 또 히틀러(Adolf Hitler)와의 연관성도 있었는데요, 헵번의 부모가 모두 히틀러를 추종했던 것은 여러 증거를 통해 확인된 사실입니다.

1935년, 헵번이 6세 때 뉘른베르크에서 열린 나치 당대회에 헵번의 부모가 참여했습니다. 당시 헵번의 어머니는 다음과 같은 기고문을 쓰기도 했죠.

"아돌프 히틀러를 '영도자'라 부르며 행진하는 당원들의 무한한 열정을 바라보는 것은 지구상에서 가장 영감을 주는 광경 중 하나입니다. 히틀러는 사람을 끌어당기는 아주 매력적인 인물로, 이 강한 민족의 정신적 열망을 충실하게 반영하고 있습니다."

뉘른베르크 전당대회는 1933년부터 제2차 세계대전 대전 발발 직전까지 매년 열렸는데, 오늘날 아이돌의 콘서트를 방불케 할 만큼 뜨거웠습니다. 히틀러는 어스름 저녁에 석양을 등지거나, 100여 개의 탐조등을 쏘아 올린 빛 기둥 사이로 등장하며 연설대에 올랐습니다. 그리고 이런 연설을 했죠.

"우리는 결코 약해지지 않을 것이고, 지치지도 않을 것이며, 낙담하지도 않고, 절대 절망하지도 않을 것이다!"

히틀러가 격정적으로 연설하자 관중은 열광했고, 그렇게 당원을 결속시켰습니다.

헵번의 어머니가 기고문을 썼던 1935년 독일은, 유대인 박해를 합법화하는 '뉘른베르크법'을 통과시켰는데, 법의 취지는 '독일인의 피와 명예를 지킨다'였습니다. 독일인은 당연히 환영하는 분위기였죠. 이 법으로 유대인과 독일인 사이에 결혼은 물론, 성관계도 금지되고, 유대인의 공무원 임용도 금지됐습니다. 이것이 결국 600만 명의 유대인을 학살하는 홀로코스트로 이어진 것이죠. 최악의 주도자는 히틀러가 맞지만, 히틀러를 지지한 독일 국민도 책임을 피할 수는 없을 겁니다. 이후 독일인들은 역사 교육을 통해 과거의 잘못을 반성하며 깊이 사과하고 있습니다.

다행히 헵번의 어머니는 파시즘의 문제를 깨닫고 곧 빠져나왔지만 아버지는 계속 빠져들었습니다. 급기야 헵번의 나이 6세가 되던 해, 아버지는 히틀러가 있는 독일로 건너가 친 나치를 선전하는 통신 회사에서 근무했고, 이후 나치에 협력한 죄목으로 영국 비밀정보부에 체포돼 수용소에 갇혔습니다.

네덜란드까지 뻗어간 나치

1939년, 독일은 폴란드를 침공했습니다. 이에 영국과 프랑스가 독일에 선전포고를 하면서 독일이 영국을 점령하고자 했지만, 본토 상륙에 실패했습니다. 프랑스도 점령하려고 했으나, 프랑스는 마지노선으로 철벽 방어를 해 견뎌냈습니다. 우리가 아는 '마지노선'이라는 단어가 여기에서 나온 말이죠. 마지노선은 약 750km의 프랑스 방어선으로, '양보할 수 없는 최후의 방어선'이

프랑스의 마지노선

라는 의미로 쓰이는 말입니다.

프랑스의 국경이 뚫리지 않자, 히틀러는 네덜란드나 벨기에 등 주변국을 거쳐 프랑스를 진입할 정도로 물불을 가리지 않고 침략했습니다. 특히 네덜란드는 제1차 세계대전 때 중립국이었고, 독일과 오랫동안 신뢰를 쌓은 이웃 나라였습니다. 하지만 히틀러는 신뢰 따위 안중에 없었습니다. 1940년 5월, 유럽 국가들이 연합군을 조직해 독일 침공에 맞서던 중, 네덜란드는 독일로부터 갑작스러운 공격을 받았습니다. 중립국이었던 네덜란드는 전쟁 대비를 하지 않아 전력이 약했고, 결국 연합군의 지원이 오기도 전인 5일 만에 항복해 버렸죠. 이 과정에서 군인 2,000여 명과 민간인 2,500여 명이 사망했습니다. 이러한 상황에서 헵번은 안전할 수 있었을까요?

독일이 폴란드를 침공할 당시 헵번의 나이는 10살이었습니다. 발레리나가 꿈이었던 오드리 헵번은 어머니와 함께 5살 때 영국으로 건너가 발레 레슨을 받고 있었고, 1939년 헵번이 10살이 되던 무렵, 제2차 세계대전이 일어났습니다. 당시 어머니는 헵번의 오빠들을 살피러 네덜란드에 있었는데, 이때 독일이 헵번이 있는 영국을 침략하면서 어머니는 헵번을 네덜란드로 데리고 옵니다. 어머니는 중립국인 네덜란드에 있는 게 비교적 안전할 거라고 판단했지만, 예상과 달리 독일이 곧 네덜란드까지 세력을 뻗쳐나가면서, 헵번의 가족은 결국 나치 하에 살게 됩니다.

헵번은 극심한 굶주림에 시달렸습니다. 독성이 있는 튤립 구근까지 먹을 정도로 배고픔에 시달렸죠. 제2차 세계대전의 막바지에 네덜란드에서만 약 2만 2천 명이 굶어 죽었다고 하니 그때의 상황이 얼마나 처절했는지 짐작할 수 있겠죠.

물론 헵번은 유대인이 아니었기 때문에 아우슈비츠수용소로 붙잡혀 가는 것에 대한 두려움은 없었을 겁니다. 당시 고통받았던 유대인으로 우리가 잘 아는 '안네 프랑크'가 있죠.

　　《안네의 일기》에는 위치가 발각돼 끌려가는 공포가 가장 컸다고 기록돼 있지만, 헵번처럼 굶주림과 같은 고통도 만만치 않았다고 적혀있습니다. 공교롭게도 안네와 헵번은 1929년생으로 동갑이었고, 두 사람 모두 네덜란드 암스테르담에서 지내며 나치로부터 고통받았다는 공통점이 있습니다.

　　헵번의 이부 오빠는 군수물자 생산 공장에 끌려가고, 이모부는 레지스탕스[권력이나 침략자에 대한 저항이나 저항운동]라는 이유로 총살당했습니다. 헵번의 어머니가 나치에 대한 생각을 바꾸게 된 기점이 가족의 죽음을 목격한 바로 이 시점 이후가 아니었을까 싶습니다. 배고픔도 고통스러웠겠지만, 사랑하고 의지하던 가족을 하루아침에 잃은 것은 더욱 견디기 어려웠겠죠. 슬픔과 분노 때문이었는지, 헵번이 발레 공연으로 기금을 마련해 레지스탕스에 전달하고 반나치 선전문 배포를 도왔다는 이야기도 있습니다.

　　헵번은 배우로 성공한 뒤에 나치 치하의 시절을 회상하며 이렇게 말했습니다.

"먹을 것 없이 지내면서 공포에 시달리고, 폭격을 당하며 견뎠던 시간 덕분에 나는 안전과 자유에 감사할 줄 알게 됐다. 돌이켜 보면 힘든 시절은 내 인생에 긍정적인 영향을 미쳤다."

한번은 이런 일도 있었습니다. 둘째 아들이 자기가 저금한 돈으로 시계를 사서 헵번에게 자랑을 했는데, 헵번이 불같이 화를 낸 겁니다. 이유는, 시계를 만든 회사가 전쟁 중 포로들의 강제 노동으로 이윤을 얻은 곳이기 때문이었죠.

어쩌면 헵번은 자신이 겪은 전쟁의 아픔과 상처를 평생 가슴에 품고 살았는지도 모릅니다. 그런 헵번에게 전쟁을 소재로 하거나 폭력성이 짙은 영화는 더욱 공포스럽게 느껴졌겠죠. 헵번이 이런 영화들을 거절한 것은 어쩌면 당연한 일이었는지 모릅니다.

영화배우가 된 후 헵번은 안네의 일기를 소재로 한 영화의 주인공 '안네' 역으로 캐스팅 제안을 받았습니다. 하지만 전쟁으로 인한 트라우마와 부모의 나치 전력에 대한 죄책감 때문에 출연을 거절했죠.

한때 나치 편이었던 부모의 정치적 이력 때문에 혼란이 컸지만, 헵번은 안네 프랑크의 글을 읽고 동질감과 유대감을 느끼며 전쟁 희생자들을 위로하는 것을 평생의 과업으로 삼았습니다.

🗨 인생 최고의 배역을 발견한 곳, 아프리카

헵번이 죽을 때까지 열정을 보인 것은 유니세프 친선대사 활동이었습니다. 대사로 임명됐을 때 헵번은 이렇게 말했죠.

> "내가 이 일을 하려고 평생 리허설을 하다가 마침내 그 배역을 따냈나 보다."

유니세프 친선 대사로
활동하는 헵번

헵번은 1945년 연합군과 함께 네덜란드에 들어온 UNRRA(연합국구제부흥기관)의 도움을 받습니다. UNRRA는 전쟁으로 파괴된 전쟁 피해자들의 삶이 회복되도록 돕기 위해 결성된 기구로, 이후 유니세프(UNICEF)로 발전합니다. 헵번은 유니세프의 도움을 받은 어린이라고 할 수 있죠.

배고픔에 허덕이던 시절, 밀가루와 버터를 비롯한 온갖 구호품이 실린 UNRRA의 트럭을 봤던 순간을 헵번은 평생 잊지 못했습니다. 성인이 돼서도 그 인연을 소중히 여기며 살아갔죠. 그러던 중 유니세프에서 친선 대사가 돼 달라는 제안이 왔고, 헵번은 이를 흔쾌히 수락했습니다.

에티오피아 지역을 시작으로 5년간 약 20개국을 방문한 헵번은, 전쟁의 고통과 가난으로 고통받는 아이들을 향해 손을 뻗었습니다.

친선 대사에 임명되고 2주 뒤 에티오피아의 기근 지역을 찾아간 헵번은 한 아이에게 이렇게 물었습니다.

"어른이 되면 뭘 하고 싶니?"

아이는 이렇게 대답했습니다.

" 그냥 살아있고 싶어요."

이 말이 헵번의 머릿속을 떠나지 않았습니다. 이 아이들을 살려야겠다는 마음으로 더 뜨거워졌죠. 헵번은 이런 말을 남겼습니다.

" 어린 시절을 부정한다는 건 삶을 부정하는 겁니다. 그들은 스스로를 충분히 대변할 수 없으니 우리가 해야만 해요. 우리가 사랑을 어떻게 정의하느냐와 같죠. 사랑은 매우 강한 감정이자 삶의 가장 강력한 동력이니까요."

헵번이 구호 활동으로 무리하는 것을 본 아들이 건강을 위해 어머니에게 쉴 것을 권유했지만 헵번은 자신에게 돌봐야 할 아이들이 있다며 강행했습니다. 그러다 결국, 건강에 문제가 생기고 말았죠.

헵번의 나이 62세가 되던 1992년, 소말리아행을 앞두고 건강검진을 받았는데, 결과가 심상치 않았습니다. 의사는 그 몸으로는 견디지 못할 거라며 아프리카 일정을 취소하고 정밀검사를 받을 것을 권했지만, 헵번은 예정된 일정을 다 소화하고 귀국한 뒤에야 검진을 받았습니다. 이때 대장암이 발견됐고, 3개월 시한부 판정을 받았습니다. 치료가 불가하다는 것을 알게 된 헵번은 사랑하는 이들과 마지막 시간을 보내고, 편안하게 죽음을 맞았습니다.

📖 기억의 숲

헵번의 두 아들은 재단을 만들어서 어머니의 뜻을 지금까지도 이어가고 있습니다. 우리나라에서도 뜻깊은 활동을 한 적이 있는데, 바로 '세월호 기억의 숲' 사업입니다. 진도 팽목항 인근에 있는 동산에 세월호 침몰 사고 희생자를 추모하는 숲을 조성했죠. 그때 헵번의 첫째 아들인 션 페러는 이런 말을 했습니다.

"저는 어머니가 유니세프에서 일했던 마지막 5년을 생생하게 기억합니다. 제가 인도주의적인 일을 할 때마다 어머니가 가까이 있는 것처럼 느껴졌죠."

2015년 세월호 기억의 숲 사업에 참여하는
션 페러 가족

다시 보는 헵번,
진정한 아름다움

1953년 <로마의 휴일>로 첫 주연을 맡은 후 1954년 <사브리나>로 패션의 아이콘이 된 오드리 헵번. 1961년에는 <티파니에서 아침을>로 또 다른 헵번 스타일이 완성됐습니다.

다양한 모습으로 대중 앞에 모습을 드러낸 헵번은 1981년 <뉴욕의 연인들>을 마지막으로 배우 생활을 마무리하고, 유니세프 활동에만 전념했습니다.

그런데 1989년, 스티븐 스필버그(Steven Spielberg) 감독의 영화에 헵번이 전격 출연합니다. <영혼은 그대 곁에>라는 영화인데, 화재 진화 작업 중 사망한 조종사의 영혼이 사랑하던 여인의 곁을 맴돌면서 벌어지는 이야기입니다. 여기에 헵번은 카메오로 등장하죠. 죽은 자의 영혼을 안내하는 '천사' 역할이었는데, 극 중 헵번은 이런 대사를 합니다.

"이제 당신이 갚을 차례예요. 이게 세상의 이치죠."

어쩌면 천사의 역할을 빌려 자신이 추구한 삶의 가치를 전하고 싶었던 게 아닐까 싶네요.

마지막으로, 헵번이 사망하기 직전 아들에게 읽어줬다는 시를 살펴보겠습니다.

> " For atrractive lips, speak words of kindness.
> 매혹적인 입술을 가지고 싶다면, 친절한 말을 하라.
>
> For lovely eyes, seek out the good in people.
> 사랑스런 눈을 가지고 싶다면, 사람들에게서 선한 점을 보아라.
>
> For a slim figure, share your food with the hungry.
> 날씬한 몸매를 가지고 싶다면, 그대의 음식을 배고픈 자와 나누어라.
>
> (중략)
>
> For poise, walk with the knowledge you'll never walk alone.
> 아름다운 자세를 가지고 싶다면,
> 그대가 결코 혼자 걷지 않을 것임을 명심하며 걸어라.
>
> (중략)
>
> As you grow older, you will discover that you have two hands.
> One for helping yourself, the other for helping others.
> 그대가 더 나이가 들면, 손이 두 개라는 것을 발견하게 될 것이다.
> 한 손은 자신을 돕는 손이며, 다른 한 손은 다른 사람을 돕는 손이다. "
>
> _Time Tested Beauty Tips / Sam Levenson
> 세월이 알려주는 아름다운 삶의 비결 / 샘 레벤슨

아파봤기에 그 고통을 누구보다 잘 알고, 그래서 아픈 사람을 외면할 수 없었던 헵번. 세계 곳곳에서 전쟁이 일어나는 지금 이 순간에도, 수많은 오드리 헵번, 안네 프랑크가 생겨나고 있다는 것을 모두가 기억했으면 좋겠습니다.

인물사담회
다시보기

4

N잡러가 된 재벌 집 막내딸,
플로렌스 나이팅게일

#나이팅게일_선서 #백의의_천서 #등불을_든_여인
#부잣집_막내딸 #수학천재 #남다른_통찰력 #간호의_본능과_사명

Florence Nightingale

(1820,5,12.~1910,8,13.)

백의의 천사, 나이팅게일(Florence Nightingal)을 아시나요? 간호복을 입고 환자 한 명 한 명을 위해 헌신한 구원자, 전쟁으로 몸과 마음이 다친 병사들에게 천사 같은 인물로 알려져 있죠. 나이팅게일은 헌신적인 간호사로서뿐만 아니라 보건위생에 혁명을 불러온 것으로도 유명합니다. 오늘날에도 의료계에서 환자를 위해 헌신하거나 인류의 건강을 위해 힘쓴 이들에게 '21세기 나이팅게일'이라는 수식어를 붙여주기도 하죠.

하지만 간호사이기 이전에, 나이팅게일이 카리스마 넘치는 수학 천재였다는 것, 또 내로라하던 부잣집 막내딸이라는 사실, 알고 있었나요? 약자에게는 한없이 약하고, 강자에게는 잘못된 것을 바로잡기 위해 강하게 대응한 에피소드도 많습니다. 병든 이들을 위한 따뜻한 파이터가 됐던, 나이팅게일에 대한 아는 이야기와 몰랐던 이야기를 따라가 봅시다.

'아는 사람'
나이팅게일

🗨 백의의 천사

> "나는 일생을 의롭게 살며 전문 간호직에 최선을 다할 것을 하느님과 여러분 앞에 선서합니다.
> 나는 인간의 생명에 해로운 일은 어떤 상황에서도 하지 않겠습니다.
> 나는 간호의 수준을 높이기 위해 전력을 다하겠으며 간호하면서 알게 된 개인이나 가족의 사정은 비밀로 하겠습니다.
> 나는 성심으로 보건 의료인과 협조하겠으며 나의 간호를 받는 사람들의 안녕을 위하여 헌신하겠습니다."

간호사들이 교육을 마치고 실습을 나가기 전에 하는 '나이팅게일 선서'입니다. 이 선서에는 간호사로서 지켜야 할 윤리와 원칙, 그리고 희생과 봉사 정신이 담겨있죠. 간호 학도들은 나이팅게일 휘장 앞에서 촛불을 들고 이 선서를 낭독합니다. 촛불은 어두운 밤에도 전쟁터의 환자들을 간호하기 위해 등불을 들고 다니며 환자를 돌보던 나이팅게일을 상징하죠.

코로나 사태가 절정이던 2021년을 기억하시나요? 각 지자체 보건소에서는 간호사들이 피땀 흘리며 격리 대상 환자들을 간호했습니다. 무더운 여름에도 두꺼운 격리복과 마스크를 갖춘 채 밤낮없이 환자의 건강을 지켰죠. 이들은 전쟁 같던 코로나에 맞서 싸운 '21세기 나이팅게일'이라 불리기도 했습니다. 그렇다면 19세기의 나이팅게일은 실제 어떤 인물이었을까요?

등불을 든 여인

나이팅게일 하면, 대개 전쟁터 막사 안에서 등불을 들고 환자 옆을 지키며 간호하는 '병사들의 어머니'와 같은 모습을 먼저 떠올리곤 하는데요, 실제로 그가 종군 간호사로 일했던 시기는 3년에 불과했다고 합니다. 그 3년간 오직 병사들을 위해 기존의 관행을 깨고 많은 업적을 세운 것이었죠.

막사에서 다친 병사들이 육체적, 정신적 고통에 잠 못 이룰 때, 멀리서 등불 하나가 다가왔습니다. 나이팅게일은 마치 지옥과도 같은 이곳에서 늦은 밤까지 등불 하나를 들고 다니며 병사들을 헌신적으로 보살폈습니다. 병사들은 그를 '등불을 든 천사'라고 불렀고, 이후 그녀의 별명은 'The Lady with the Lamp', 즉 '램프를 든 여인'이 됐습니다. 매일 밤 병동을 순회하며 안부를 묻

환자를 살피는 나이팅게일

고 편지도 읽어주는 나이팅게일에게 병사들은 모성애를 느꼈을 겁니다.

부상병들은 이런 나이팅게일에 대한 고마움을 편지에 써서 가족들에게 보냈는데, 이게 《더 타임즈》에서 기사화됐습니다.

> "병원에서 나이팅게일은 한 치의 과장도 없이 '섬기는 천사'였다. 그의 가녀린 모습이 복도 하나하나를 지날 때마다, 모든 이들의 얼굴이 감사의 마음으로 누그러졌다. 의료진과 군의관들이 밤을 맞아 처소로 돌아가고 적막함과 어둠이 길게 누워있는 병자들 위에 내려앉을 때면, 등불을 들고 순회를 도는 그를 볼 수 있었다."

기사를 접한 미국 신문기자이자 시인인 워즈워스 롱펠로(Wadsworth Longfellow)는 자신의 시에 'A Lady with a Lamp I See(등불을 든 여인을 나는 보았네)'라는 글을 싣고, 이것이 계기가 돼 나이팅게일이 '등불을 든 여인'으로 유명해지게 됩니다.

> "Lo! in that house of misery
> a lady with a lamp I see.
> 오! 저 고통의 집 안에
> 등불을 든 한 여인이 보이는구나.
>
> Pass through the glimmering gloom
> and flit from room to room.
> 희미한 어둠 속을
> 마치 천사처럼 스쳐 지나가는 구나."

나이팅게일의
'모르는 이야기'

📖 재벌 집 막내딸 나이팅게일

나이팅게일은 정치적 영향력과 경제력을 이어받은 집안에서 태어났습니다. '신이 내린 신분'이라고 말할 수 있을 만큼 빅토리아 시대에 막강한 세력을 지닌 가문이었죠.

우선 나이팅게일이 살았던 집이 어마어마합니다. 마치 궁전 같은 모습의 겨울 별장 엠블리 파크(Embley Park)는 현재 넓은 초원이 딸린 사립학교로 사용되고 있고, 여름 별장인 리허스트(Leahurst) 저택은 현재 호텔로 운영되고 있습니다. 계절마다 다른 별장에서 생활했다니, 엄청난 재력의 집안이었던 것은 확실한 것 같죠.

나이팅게일 겨울 별장
엠블리 파크

한 가지 예로, 당시 부유한 영국 귀족들만 할 수 있었던 '그랜드 투어 (Grand Tour)'가 있습니다. 17~19세기 초 영국 상류층 자제들 사이에서 유행한 유럽 여행인데, 역사와 교양을 배우기 위해 평균 2~3년 동안 프랑스와 이탈리아 등을 여행하는 최초의 교육 여행이었습니다. 여행 중 예술 작품과 건축물을 감상하고, 각국 유명 인사들과 교류할 수 있었던 그랜드 투어는, 런던에서 시작해 파리, 아비뇽, 니스, 제노바를 거쳐 피렌체, 로마로 갔다가 다시 런던으로 돌아가는 평균 3년의 긴 여정이었습니다.

나이팅게일 자매도 이 그랜드 투어 중에 태어나 언니는 이탈리아 나폴리의 그리스식 이름인 '파세노프(Parthenope)', 나이팅게일은 이탈리아 피렌체의 영어 이름인 '플로렌스(Florence)'라는 이름을 얻었습니다.

(왼쪽부터)언니 파세노프와
나이팅게일

수학 천재 나이팅게일

나이팅게일의 집안은 남다른 교육관도 갖고 있었습니다. 19세기 중반에는 여성이 대학 교육을 받는 것이 허용되지 않았고, 집안의 부귀영화를 누리며 얌전하게 사는 것이 최선이라고 생각했습니다. 하지만 나이팅게일의 아버지는 여성도 체계적으로 교육을 받고 교양을 쌓아야 한다며 어릴 때부터 집안에 가정교사를 두고 두 딸에게 음악, 미술, 수학, 역사, 종교, 철학, 외국어까지 가르쳤습니다. 언니 파세노프는 전형적인 우아한 귀족 여성으로 살길 원해서 중간에 배움을 그만두었지만, 나이팅게일은 여러 방면에서 언니와 달랐습니다. 특히 수학적 재능이 탁월했습니다. 당대의 여성은 대학에 갈 수 없었으니, 공부의 목적이 오로지 '흥미' 때문이었죠. 그는 수학 공부를 하며 스스로 '데이터를 쌓아 정보화'하는 재미를 느꼈습니다.

실제로 나이팅게일은 여행 중에도 수첩과 펜을 손에서 놓지 않고 여행지의 정보와 출발·도착시간, 사회제도와 복지 시스템을 꼼꼼히 기록했다고 합니다. 이렇게 모은 자료를 분류하면서, 'A 도시에 B라는 특성을 적용하면 C로 발전할 수 있겠구나!'와 같은 통찰력을 보이기도 했죠. 또 조개껍데기를 수집한 뒤 어느 지역의 어떤 조개인지 분류하고, 꽃이나 동전 등을 분류·분석해 문서화하는 타고난 재능이 있었다고 하네요.

📖 간호사가 되다

1837년은 화려한 빅토리아 시대와 자본주의의 서막이 열린 시기였습니다. '해가 지지 않는 나라'로 불렸던 대영제국이 최전성기를 맞으면서 산업혁명이 전개됐지만 빈부격차도 벌어지던 시대였죠.

나이팅게일은 여행할 때마다 빈자들의 삶과 사회문제에 관심이 컸는데, 특히 여성의 삶과 교육의 기회가 제한되고 있다는 데 문제의식을 느꼈습니다. 당시 여성의 이상적인 삶이자 유일한 직업은 결혼이었고, 여성은 남편의 사회적 지위를 나타내는 그 집안의 장식적인 존재로 생각하는 분위기였습니다. 투표권은 당연히 없었고요. 그러니 여성이 밖에서 일을 하며 직업을 갖는 건 말도 안 되는 일이었죠.

나이팅게일의 집안은 사람을 중시하는 가풍이 있어서 어머니와 두 딸은 집안 영토 내 소작농들이나 가난한 사람들을 돌보기 위해 봉사활동을 다녔습니다.

그러던 나이팅게일이 17세가 되던 해, 병들고 가난한 사람들을 방문하다 큰 충격에 빠지는데, 그날을 회상하며 나이팅게일은 이런 글을 남겼습니다.

> "우리가 파티에서 좋은 음식을 먹고 화려한 생활을 하는 동안 이 사람들은 이런 비참한 생활을 하고 있었다니, 병든 사람들의 고통이 내 마음에 남아 우울한 감정이 떠나가지 않는구나. 시인들이 낭송하는 이 세상의 영광도 모두 위선으로 느껴진다. 이 사람들을 도와야겠다."

보통 사람들은 안타까워하는 데서 끝나는 일을, 나이팅게일은 행동으로 옮겼습니다. '아픈 사람도 치료와 간호를 통해 회복할 수 있다'는 것을 깨닫고 그것이 자신의 사명이라고 여겼습니다. 그가 간호 교육원에 들어가기 위해 쓴 자기소개서에 보면, '나는 호밀과 통보리, 옷감과 목화의 차이를 구분하지 못할 정도로 현실을 몰랐다'는 고백이 나옵니다. 철부지 부잣집 딸로 자란 자신의 상황을 부끄럽게 여긴 것이죠.

또 다른 일화로, 나이팅게일이 더 어렸을 때 마을을 다니며 사람들을 돕다가, 양치는 개가 다쳐있는 것을 발견한 적이 있었습니다. 주인은 개를 안락사하겠다고 했지만 나이팅게일은 포기하지 않고 개를 돌봐주었죠. 자기 옷을 잘라서 임시로 치료해 준 뒤 다음 날 다시 붕대를 들고 찾아와 치료하고 새 붕대로 갈아주었습니다. 그랬더니 개가 빠르게 회복해 다시 양을 돌볼 수 있게 됐습니다.

또 그리스 여행 중 둥지 밑에 떨어진 새끼 부엉이를 구해준 적도 있었는데, 집으로 데려와 평생 반려조로 함께했습니다. 부엉이의 이름은 '아테나'로, 나중에 간호학을 공부하기 위해 집을 떠날 때는 언니와 어머니에게 부엉이를 돌보는 구체적인 방법을 기록하고 갔을 정도로 아끼고 사랑했다고 하네요.

부엉이 아테나,
나이팅게일 박물관 소장

'아테나는 몸에 얼룩이 생기지 않도록 늘 깨끗 해야 하고, 모래를 가지고 있어야 하며, 잉크를 마시지 말아야 한다'는 식으로 기록했다고 합니다. 나이팅게일은 이렇게, 기본적으로 모든 생명을 귀히 여기고, 아픈 사람이나 동물이 있으면 본능적으로 돌봐주어야 한다는 생각을 가진 사람이었습니다.

나이팅게일은 심사숙고 끝에, 병들고 소외된 사람들을 돌보는 간호사가 되기로 결심합니다. 이런 딸의 결심을 들은 부모님의 반응은 어땠을까요?

가문의 위신을 떨어뜨리고, 귀족들의 비웃음거리가 될 것이라며 반대했습니다. 당시 간호사라는 직업은 사회적 지위가 가장 낮은 하층민이 갖는 직업으로, 청소부나 잔심부름꾼에 가까운 이미지가 있었기 때문에 명문가의 딸들은 간호사가 되지 않는 것이 일반적이었습니다. 의료시설 역시 주로 빈민을 수용하던 곳이었고, 치료를 위한 곳이 아니라 죽음을 기다리는 자들의 수용시설이나 다름없었죠.

부유한 사람들은 병원에 가지 않고 의사를 집으로 불렀고, 학교에 가지 않고 가정교사를 집으로 불렀기에, 상류 가문의 귀하디귀한 막내딸이 간호사로 평생을 바치겠다고 하니, 부모의 입장에서는 답답하고 속상할 뿐이었습니다. 또 혼자 살다가 결혼할 시기를 놓쳐버리면 어떡하나 전전긍긍하기도 했죠.

나이팅게일의 남자들

나이팅게일은 예쁘고 똑똑하고 매력도 있어 실제 남자들에게도 인기가 많았습니다. 그중에는 결혼까지 염두에 둔 남자가 있었는데, 이름은 리처드

몽크톤 밀네스(Richard Monckton Milnes)로 나이팅게일보다 11살 연상에 요크셔(Yorkshire[영국 잉글랜드의 전통 행정구역 중 하나]) 장원 상속자이자 시인이었습니다. 두 사람은 무려 9년간의 연애를 이어갔지만, 나이팅게일은 이렇게 말하며 결국 결혼을 거절합니다.

"나는 나의 위대한 목표를 달성하기 위해 당신의 아내로 사는 삶을 포기하겠다."

또 다른 청혼자인 해리 버니(Harry Verney)는 자유당원이었고 행정 개척자였습니다. 그 역시 나이팅게일에게 청혼했지만 이루어지지 않았죠.

하지만 그가 청혼을 했던 그해 겨울, 나이팅게일의 집에 놀러 갔다가 나이팅게일의 언니 파세노프와 사랑에 빠졌고, 버니는 나이팅게일의 형부가 됐습니다.

🔲 전쟁터에 가다

크림전쟁은 1853년부터 3년간 이어진 전쟁으로, 러시아군이 오스만튀르크군, 프랑스군, 영국군에 맞서 종교, 영토 관련 이유로 크림반도와 흑해를 둘러싸고 벌인 전쟁입니다.

크림반도는 동유럽에서 바다로 나갈 수 있는 요충지로, 1990년대 전 소련 대통령 고르바초프가 찾았던 휴양지이자, 1945년 얄타회담이 이루어진 장소이기도 합니다. 지금의 러시아-우크라이나전이 이 크림반도를 두고 발발된 전쟁이죠. 특히 '종군기자'라는 직업이 처음 도입된 것이 크림전쟁이었

크림전쟁의 세바스토폴 전투를
묘사한 그림

습니다. 오늘날 '종군기자의 아버지'로 불리는 윌리엄 하워드 러셀(William Howard Russell)은 크림 전장에서 전쟁의 참상을 취재하며 다음과 같은 기사를 전보로 보냈습니다.

> "상처 입은 병사들은 고통 속에 신음하며 굶주림과 추위에 떨면서 더러운 병원에서 치료도 못 받고 방치돼 있습니다. 부상병 치료에 필요한 의료품이나 약품도 없어서 의사는 마취도 하지 않고 팔, 다리를 자르는 수술을 하는데 등불도 없어 달빛으로 수술하고 있습니다.
> 그러니 국민 여러분께 호소합니다. 우리의 손으로 우리의 아들들을 구합시다. 영국에는 진정 크림반도로 갈 용기 있는 간호사가 없는 건가요?"

전쟁터에서는 청년들이 죽어가고 있는데 의료 인력도, 각종 의약품도 부족한 상황이 밝혀지니 비난 여론이 생길 수밖에 없었습니다. 당시 육군성 장관이었던 시드니 허버트(Sidney Herbert)는 나이팅게일에게 종군 간호사로 가달라고 부탁했습니다.

나이팅게일이 과거 로마 여행 중에 만난 것을 계기로 인연이 된 하버트는 나이팅게일만큼 사명감이 투철한 간호사는 처음이라며 그에 대한 두터운 신뢰를 가지고 있었습니다.

시드니 허버트
육군성 장관

당시 크림반도에서 부상당한 병사들은 전쟁터로부터 약 500km 떨어진 튀르키예의 이스탄불 근처 스쿠타리(Scutari) 막사 병원으로 옮겨졌는데, 나이팅게일은 38명의 간호 원정대를 이끌고 그곳으로 갔습니다.

📖 왜 이렇게 많은 병사들이 죽어야 할까?

크림전쟁에서 발생한 사망자 수는 50~70만 명이었습니다. 그런데 이 많은 사람들이 전부 총과 칼로만 사망했다고 할 수 있을까요?

나이팅게일은 이에 의문을 품고, 분명 다른 사망 원인이 있을 거라고 추측했습니다. 문제 상황에 대한 이성적인 사고를 통해 이유를 분석하기 시작한 것이죠.

나이팅게일은 사망 원인 분석을 위해 각종 병원의 통계 정보를 수집하려 했지만 데이터가 부족해 어려움을 겪었습니다. 야전병원은 많은 환자들로 인

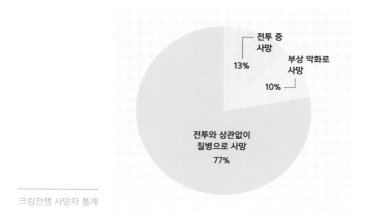

전투 중
사망
13%

부상 악화로
사망
10%

전투와 상관없이
질병으로 사망
77%

크림전쟁 사망자 통계

해 환자 정보를 기록할 시간이 없었고, 정리하는 방식도 다 달라서 사망 원인 분석이 불가능했죠. 결국 나이팅게일은 주둔군 사령관에게 야전병원에서 했던 동일한 양식으로 환자 정보를 기록하고 보관해 달라고 탄원했습니다. 그렇게 해서 모든 자료를 바탕으로 통계를 분석해 보니, 사망한 병사들 중 77%가 총과 칼이 아닌 다른 원인으로 사망한 것이 밝혀졌습니다. 원인은 바로, '더러운 물'과 '혼탁한 공기', 그리고 '감염병'이었죠. 지금이야 이런 통계 작업이 어려운 일이 아니지만 200년 전에 데이터를 모아 통계를 내야겠다는 관점은 그야말로 놀라운 일입니다.

나이팅게일은 사회과학과 윤리학은 물론, 신의 섭리까지 자연현상으로 나타나, 종교 역시 데이터를 통해서 드러난다고 믿었습니다. 그리고 이 데이터를 보기 쉽게 '다이어그램'으로 만들어 영국 정부에 보냈습니다. 인류 최초의 이 '데이터 시각화'는 이후 인포그래픽 역사에 중요한 기초가 됐습니다.

당시는 콜레라가 전 세계적으로 유행한 상황이었습니다. 괴혈병, 이질, 장티푸스와 같은 전염병도 같이 돌았는데, 전쟁터도 예외는 아니었죠. 이런 열악한 환경 속에 군 병원은 침대도 없어서 환자를 축축한 바닥에 방치했습니다. 피와 오물이 여기저기 묻어있고 악취가 풍겼으며 쥐, 파리, 지네, 구더기가 사방에 득실했습니다. 나이팅게일이 이를 보고 '지옥의 왕국'이라고 표현할 정도였습니다. 나이팅게일은 당장 청소부터 시작했습니다. 2주 동안 위생 개선을 위해 대청소를 실시하자, 수레 556대분의 쓰레기가 나오고, 하수구 속에서 폐사한 2마리의 말도 나왔습니다. 나이팅게일은 영국 정부에 편지를 썼습니다.

> "젊은이들을 솔즈베리(Salisbury) 평원에 세워두고 사격해서 죽이는 것과 뭐가 다릅니까?"

결국, 영국 정부는 야전병원에 전폭적인 지원을 약속했고, 나아가 이것이 현대 보건학의 기틀을 마련하는 계기가 됐습니다.

환자의 아픔에 공감하고 간호를 하는 것을 넘어 근본적인 문제를 해결하고자 노력했던 나이팅게일. 일생을 바친 그의 헌신과 수고 덕에, 죽어가는 몇만 명의 생명을 다시 살려낼 수 있었습니다.

🗩 차별에 맞선 진정한 파이터

종군 간호사로 일하던 나이팅게일을 가장 힘들게 한 것은 다름 아닌 '차별'이었습니다. 웬 젊은 여자 하나가 장관 낙하산으로 간호단을 이끌고 들어와 부대 운영의 미흡한 부분들을 세상에 까발렸으니 군 입장에서는 그저 불쾌할 수밖에 없었겠죠. 언론을 통해 군대의 실상이 폭로되면서 이후 부정적인 여론은 더 거세졌고, 그럴수록 군은 나이팅게일에 적개심을 품었습니다. 심지어 그를 음해하는 보고서를 정부에 제출하기도 했습니다.

"나이팅게일과 간호 원정단은 규칙을 안 지키고, 반항적이며, 정직하지 않고, 사치스럽고, 부정부패와 낭비를 일삼고 있다."

병원 근무자들은 정부의 조사망에 걸려들고 싶지 않아서 적극적으로 나서 이에 대해 해명하거나 부정하지 않았습니다. 즉, 나이팅게일의 존재 자체를 부정한 거나 다름없었죠. 하지만 나이팅게일은 이런 상황에 일일이 대응하지 않고 꿋꿋이 하던 일을 이어나갔습니다. 환자 돌봄에 위생 관리, 물품 조달까지 평소와 다름없이 철저히 관리하던 나이팅게일은, 어느 날 물품을 보급하는 데 불필요한 절차가 많음을 알고 정부에 또다시 편지를 보내기 시작했습니다.

"매트 1장을 공급하는 데도 무조건 문서가 필요합니다. 침대 구입부터 병동을 새로 개설하는 것까지 상부에 보내는 서신과 제출 서류를 몇백 통이나 작성해야 합니다."

나이팅게일이 군 관계자와 기 싸움 하는 장면
1951, 영화 <Lady with a Lamp> 중

사람이 죽어나가는 전쟁터에서 서류를 몇백 통을 써야 매트 1장을 얻을 수 있다니 이런 데 시간을 쓰는 게 비효율적이라고 생각한 것이죠. 나이팅게일은 이러한 부당함을 군 상부에 계속 이야기했습니다. 스스로 '파이터'를 자초한 것이죠. 나이팅게일이 군 관계자와 기 싸움하는 장면은 영화 <Lady with a Lamp>에 잘 드러나 있습니다.

나이팅게일이 보급 담당자에게 찾아가 뜨거운 물 200병과 수건 2,000장, 침대 1,000개를 급히 보내달라고 요청하자, 담당자는 규정에 따를 뿐, 그 이상의 지원은 어렵다고 딱 잘라 말합니다. 이에 화가 난 나이팅게일이, 그럼 보급받을 때까지 손으로 음식을 먹고 모자로 물을 마셔야 하냐며 따져 묻자 보급관은 끝까지 규정 위반을 고집합니다. 이에 나이팅게일은 자신들에게도 엄격한 규정이 있지만 효율적인 방법으로 생명을 먼저 구하려고 한다면서 물품 지원을 명령하죠. 그리고 3일 동안 물품을 보급받지 못하면 보급관을 직위해제하고 자신도 그만두겠다고 쐐기를 박습니다.

그런가 하면 이런 일도 있었습니다. 나이팅게일이 지원 요청을 위해 군 간부를 찾아갔더니 난데없는 댄스파티가 벌어지고 있었던 겁니다. 전쟁터에서는 병사들이 죽어나가고, 수건 1장 쓰는 것도 힘들어서 전전긍긍하고 있는데 댄스파티라니! 분노했지만 참았습니다. 좋은 집에서 태어나 많은 것을 누리고 살았던 자신의 과거가 떠올랐기 때문이죠. 이후 점점 더 많은 부상자가 속출하니 총감도 어쩔 수 없다고 판단하고, 그제야 나이팅게일에게 정식으로 진료 지원과 간호를 요청했습니다.

나이팅게일은 먼저 위독한 환자를 따로 분류해 집중 관리하는 구역을 만들었습니다. 오늘날의 '집중 치료실' 개념이 이때 처음 도입된 것이죠. 또 공급실 창고를 조사하고 물품 공급 장부를 적어서 재고가 바닥나지 않도록 관리했습니다. 모든 환자에게 침대와 매트리스를 제공하고 환자들이 일주일에 2번씩 옷을 갈아입을 수 있도록 조치했죠. 간호사의 역할 그 이상의 일들을 일사천리로 해냈습니다.

특히 '수학 천재'였던 나이팅게일은 웬만한 계산을 암산으로 할 수 있었기 때문에 오늘날처럼 통계 프로그램 없이도 데이터를 척척 뽑아냈다고 합니다. 또 타고난 소통의 달인이어서 정책 결정자들에게 계속 의견을 내고 정부에 보고서를 보냈는데, 무려 800쪽 분량의 보고서를 제출했다고 하네요. 특히 이 보고서로 정부와 언론을 설득해야 했기 때문에 텍스트가 아닌 그림으로 정리했는데, 이것이 지금의 '프레젠테이션' 개념이라고 할 수 있죠.

나이팅게일은 '비주얼 리프레젠테이션(Visual Representation)'을 보고서에 활용했습니다. 비주얼 리프레젠테이션은 자료의 빠른 이해를 돕기 위해 그림으로 표현하는 것으로, 여러 가지 그래프가 예시로 들어갑니다. 나이팅게일은 특히 파이 차트(Pie Chart[하나의 원을 여러 영역 또는 조각으로 나눈 원그래프])의 원조로 불리기도 하는데, 병사들의 병원별 사망 건수와 사망 원인을 이해하기 쉽게 도표로 작성한 '장미 도표'가 대표적입니다.

과거 나이팅게일에게 통계학은 관심사나 취미에 불과했지만, 정책의 변화를 이끌어 내는 데 이를 적극 활용하면서 위대한 통계학자로 거듭날 수 있었습니다.

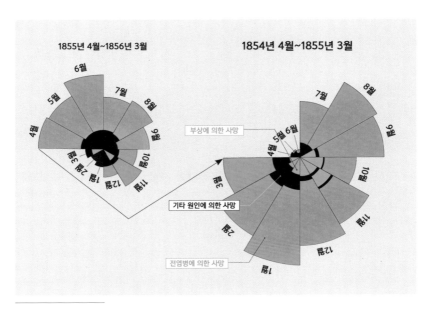

1855년 4월~1856년 3월 1854년 4월~1855년 3월

부상에 의한 사망

기타 원인에 의한 사망

전염병에 의한 사망

나이팅게일의 장미 도표

나이팅게일의 이런 끊임없는 노력과 헌신으로 환자들의 사망률이 크게 감소했습니다. 1855년 겨울에는 입원한 환자의 52%가 사망했지만, 3~4개월 만에 20%로 떨어졌고, 이후 전쟁터 사망률은 42%에서 2%로 급감했습니다. 1만 명 중 4,200명이 죽었던 전과 다르게 단 200명만 죽었다는 의미이니 그의 공헌이 얼마나 대단했는지 알 수 있겠죠.

전쟁이 끝난 후 1859년, 나이팅게일은 웬만한 통계학자들도 되기 어렵다는 영국 왕립통계학회의 첫 여성 회원으로 임명됐습니다.

건축학자에 발명가까지?

크림전쟁 이후 전쟁터에서 돌아온 병사들이 나이팅게일의 간호를 칭송했고, '나이팅게일이 우리의 아들들을 살렸다'는 내용이 신문을 통해 퍼지면서 그의 명성은 더욱 높아졌습니다. 나이팅게일의 업적을 기리는 노래도 나오고, 컵이나 장식품 등 기념품들이 만들어져서 팔리기도 했죠.

또 나이팅게일이 병사들을 위해 책을 읽고 커피를 마실 수 있는 장소를 제공하기도 했는데요, 이 밖에도 병사들에게 편지를 쓰게 해서 가족과 연락을 취할 수 있도록 도운 일이나, 목숨을 잃은 병사들의 가족을 위로하기 위해 가정에 편지를 보내준 이야기, 월급을 제대로 모을 수 없는 병사들의 급여를 집으로 보내준 일 등 나이팅게일이 병사들에게 미쳤던 선한 영향력에 대한 이야기도 전해졌습니다.

한편 병원 내 질병 발생의 원인으로, 나이팅게일은 병원의 열악한 환경을 지적했습니다. 병실 내 많은 환자, 침상 공간 부족, 신선한 공기와 햇빛 부족을 원인으로 꼽았죠. 나이팅게일을 환자가 자연 치유될 수 있는 환경으로 새롭게 설계했습니다. 그게 바로 '파빌리온(Pavilion)'식 병동 구조죠.

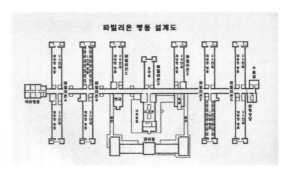

나이팅게일이 설계한
파빌리온 구조 병동

파빌리온은 '나비'를 뜻하는데, 구조를 보면 마치 나비가 날개를 편 모양 같아서 붙여진 이름입니다. 병동은 관리동과 취사동, 세탁장 및 병실을 분리하고, 길고 큰 건물에 병동을 복도로 연결한 형식의 개방형 건물이었습니다. 병실 크기에 맞는 적정 환자 수를 정해 수용하고, 장방형 평면에 침대가 마주보도록 배치해 공간의 활용도를 높였죠. 햇빛이 들고 환기가 잘 이루어질 수 있게 큰 창문도 많이 설치했습니다. 병동이 소형화되기 전까지 약 100년간 병원 건축의 기본이 된 이 구조는 초기 우리나라 군 병원 구조에도 큰 영향을 미쳤습니다. 또 오늘날 병원에서 흔히 볼 수 있는, 음식을 나르는 엘리베이터나 병실마다 있는 호출 벨도 나이팅게일의 아이디어죠. 나이팅게일의 업적은 거기서 그치지 않았습니다.

1868년, 주택을 건축할 때 의무적으로 배수와 하수 시설을 설치하도록 해서 도시 설계의 틀을 바꿨습니다. 또 지역별로 보건진료소 운영을 하자고 정부에 건의하기도 했는데, 이것이 오늘날의 보건소가 된 겁니다.

이렇게 다양한 정책을 마련함으로써 그는 1871년대부터 1930년대 중반까지 영국 국민의 평균 수명을 20년까지 늘리는 데 결정적인 역할을 했습니다.

건축 설계에 발명까지. 못 하는 게 없는 나이팅게일이지만 그렇다고 실패가 없었던 것은 아닙니다.

당시 영국의 식민지였던 인도의 위생 상황을 살피는데, 이론적 접근의 오류가 있었죠. 세균에 대한 정확한 인식이 없었고, 인도의 환경을 제대로 이해하지 못한 채 나쁜 공기가 사람들을 병들게 한다는 인식만 가지고 환기의 중요성만 강조한 겁니다. 인도는 창문을 열면 뜨거운 열기가 실내로 유입되고,

모기를 통해 황열이나 말라리아에 걸릴 수 있었는데도 말이죠. 인도의 의사들이 여기에 강력히 항의했지만 나이팅게일은 끝까지 고집을 부렸고, 결국 인도의 환경 개선은 실패로 끝났습니다.

🔲 간호는 직업이 아니라 '사명'이다

1890년, 나이팅게일의 나이 70세 즈음이 된 어느 날, 《세인트 제임스 가제트》지에 기사 하나가 실립니다.

'크림전쟁 참전 용사들 대부분이 극빈자로 비참하고 힘겹게 살고 있다'는 것이었죠. 참전했던 병사들도 이제 황혼의 나이를 맞이했을 때인데 모두 극빈자로 산다고 하니 나이팅게일의 마음이 편치 않았을 겁니다.

이때 기사를 접한 탐험가 헨리 모턴 스탠리(Henry Morton Stanley)가 그들을 돕기 위한 대국민 모금 운동을 시작했습니다. 그 대미를 장식했던 사람이 바로 나이팅게일이었죠. 당시 에디슨이 발명한 축음기를 통해 모금을 장려하는 나이팅게일의 목소리를 녹음했고, 그 울림은 대단했습니다.

> "내 기억이 모두 사라지고 이름만 남을지라도 나의 목소리가 내 삶의 크나큰 사건을 영원히 보존시켜 주길 바랍니다. 하느님께서 사랑하는 내 동지들을 축복하시고, 그들을 물가로 고이 인도하시길…"

나이팅게일의 육성이 공개되자 영국 국민은 폭발적인 관심을 보였고, 나이팅게일은 마지막으로 이런 말을 남겼습니다.

"간호는 예술이다. 내 머릿속에 처음, 그리고 마지막으로 떠오른 것은 모두 간호하는 일이었다. 간호는 직업이 아니라, 사명이다."

노년의 나이팅게일

다시 보는 나이팅게일,
간호사 그 이상의 인물

2020년 영국 《가디언》지에 나이팅게일에 대한 기사가 실렸습니다.

> "나이팅게일이 부활한다면 등불 대신 노트북과 스마트폰을 들고 다닐 것이다. 그의 노트북에는 데이터로 가득 찬 스프레드시트가 들어있고, 사망자 수 통계의 신뢰성을 두고 트위터로 열띤 논쟁을 벌일지도 모른다."

나이팅게일은 우리가 알고 있는, 조용한 간호사 이미지와 많이 다른 인물이었습니다. 간호사, 사회운동가, 건축가, 통계학자, 발명가까지 다양한 역할을 수행하며 사회의 근본적인 문제들을 적극적으로 개선해 나갔죠.

이러한 업적의 원동력은, 환자의 아픔에 공감하고 소중한 생명을 살리기 위한 나이팅게일의 따뜻한 마음에서 비롯됐습니다. 나이팅게일과 같은 폴리매스(Polymath[다양한 영역에서 방대하고 종합적인 사고와 방법론을 활용해 자신의 재능을 발휘하는 사람])가 이 시대에 태어났다면 컴퓨터를 활용해 더 많은 변화를 만들지 않았을까요?

인물사담회

다시보기

5

천재, 그러나 사이코 감독?
앨프리드 히치콕

#스릴러의_대가 #타이틀은_최초의_감독 #수식어_부자
#알고보면_겁쟁이 #회사원에서_영화계_거장으로 #서스펜스의_끝판왕 #사이코

Alfred Joseph Hitchcock

(1899.8.13.~1980.4.29.)

'영화계의 거장' 하면 가장 먼저 떠오르는 인물은 누구인가요? 우리나라에는 봉준호 감독, 박찬욱 감독 등이 있고, 외국에는 팀 버튼(Tim Burton) 크리스토퍼 놀란(Christopher Nolan) 제임스 카메론(James Cameron) 스티븐 스필버그(Steven Spielberg) 감독 등이 있죠. 그중에서도 영화가 태동하던 시절의 거장을 꼽으라면 단연 앨프리드 히치콕(Alfred Hitchcock)을 꼽을 겁니다.

영화에 문외한이라도 한 번쯤은 들어봤을 영화 <사이코>를 만든 인물로, 미국 TV 프로그램 <앨프리드 히치콕 극장>에서 10년간 사회를 맡은 방송 진행자이기도 했는데요, 영화사에 굵직한 자취를 남겼지만, 배우들을 괴롭혔다는 비판도 받는 감독. 앨프리드 히치콕의 이야기를 만나보겠습니다.

'아는 사람'
히치콕

스릴러의 대가

영화인들이라면 히치콕의 영화를 교과서로 삼을 정도로 히치콕은 영화사에서는 빼놓을 수 없는 인물이죠. 현재 내로라하는 영화감독들 중에서도 히치콕의 영향을 받은 인물들이 많습니다.

그의 대표작으로 <사이코>가 있는데, 내용은 몰라도 영화 속 샤워 장면은 한 번쯤 보셨을 겁니다. 주인공이 샤워를 하는 도중 난데없이 샤워커튼에 검은 그림자가 드리우더니, 곧 주인공이 비명을 지르고 살해당하는 장면. 그가 남긴 공포영화의 장치들은 아직까지도 강력한 영향력을 보여주고 있습니다. 장르가 호러나 스릴러인 경우가 많아서, 무섭지만 재미있는 영화를 만드는 감독이라는 인상도 받기도 하죠.

수식어 '최초' 부자

히치콕은 '최초'라는 수식어를 많이 가지고 있는 감독입니다. 먼저 유성

(有聲)영화를 만든 영국 최초의 감독이라는 타이틀이 있죠.

1895년에 탄생한 영화는 소리가 없는 무성(無聲)영화였고, 이후 소리가 들어간 유성영화가 등장했습니다. 흑백에서 컬러로 바뀌기 시작한 것도 이때부터죠. 히치콕이 태어난 해가 1899년이었으니 그의 인생이 영화의 역사와 함께했다고 해도 과언이 아닙니다. 1927년 무성영화 <하숙인: 런던의 안개 이야기>부터 1948년 컬러 영화 <올가미>에 이르기까지, 영화사에 한 획을 그은 그 중심에는 언제나 히치콕이 있었습니다.

또 히치콕은 영화 속 카메오(Cameo[유명 인사가 극 중 예기치 않은 순간에 등장해 아주 짧은 동안만 하는 연기나 역할])의 개념을 최초로 세운 감독이기도 합니다. 당시 언론 홍보를 위해, 또 단순히 화면을 채우기 위해 카메오의 개념이 생겼는데요, 영화를 만들고 난 뒤 대부분의 감독들은 자신이 나서서 영화를 설명하는 것을 부담스러워했지만, 히치콕은 오히려 자신이 만든 영화에 직접 출연할 만큼 언론 노출을 즐겼습니다. 1929년 영화 <협박>에서는 열차에 탄 승객으로 등장했고, 1963년 영화 <새>에서는 펫샵에서 강아지를 데리고 나가는 고객으로 등장했습니다. 1959년 영화 <북북서로 진로를 돌려라>에서는 버스를 놓친 시민으로 나왔죠. 덕분에 관객들은 영화 속 카메오 히치콕을 찾는 재미로 그의 영화를 보기도 했습니다. 히치콕을 찾느라 영화에 집중하지 못한다는 이야기가 나오자 나중에는 영화 초반 5분 안에만 등장하는 배려를 발휘하기도 했죠.

히치콕은 또 새로운 기법을 시도하는 감독으로도 유명했습니다. 히치콕의 영화를 보면 굉장히 익숙한 연출법들이 눈에 띄는데, 이유는 그의 연출법이

카메오로 등장한 히치콕(왼쪽 끝)
1929, 영화 <협박> 중

후대 감독들에게 영향을 끼쳤기 때문입니다. 스티븐 스필버그는 영화 <죠스>에서 히치콕의 촬영법을 따라했고, 마틴 스코세이지(Martin Scorsese)는 영화 <택시 드라이버>에서 히치콕의 영화 <현기증>의 오프닝을 차용했습니다.

우리나라에서는 박찬욱 감독이 히치콕에게 영감을 받은 것으로 유명합니다. 그는, "<현기증>은 내 운명의 영화 넘버원"이라고 말할 정도로 히치콕의 작품을 추종했는데, 그의 영화 <친절한 금자씨>에는 히치콕의 영화 <새>의 특정 장면을 오마주 한 듯 연출한 부분이 있습니다.

히치콕의 영화가 한국에 미친 영향은 여기서 끝이 아닌데요, 1940년에 히치콕의 <해외 특파원>이 나온 뒤 1968년 우리나라에서 <동경 특파원>이라는 영화가 개봉했습니다. 또 1954년 히치콕의 대표작 <다이얼 M을 돌려라>가 나온 뒤 우리나라에서 1962년 <다이얼 112를 돌려라>가, 1959년 히치콕의 <북북서로 진로를 돌려라>가 나온 뒤에는 1967년 <남남서로 직행하라>라는 제목의 영화가 국내에서 개봉을 한 적이 있었습니다. 표절인 듯 표절이 아닌 듯 보이긴 하지만 어쨌든 히치콕 감독의 영향력이 그만큼 대단했었다는 이야기겠죠.

히치콕의 '서스펜스'란?

히치콕은 무엇보다 서스펜스(Suspense)의 대가로 잘 알려져 있는데요, 정확히 서스펜스를 뭐라고 정의했을까요? 그는 이렇게 설명했습니다.

"네 사람이 포커를 치러 방에 들어갑니다. 그런데 갑자기 폭탄이 터져 네 사람 모두 혼비백산하는 상태가 됩니다. 이럴 때 관객은 그저 놀랄 뿐이지만 나는 네 사람이 포커를 하러 들어가기 전에, 먼저 한 남자가 포커판이 벌어지는 탁자 밑에 폭탄을 장치하는 것을 관객들에게 보여줍니다. 그리고 네 사람은 의자에 앉아 포커를 하고, 시한폭탄의 폭발 시간이 다 돼 갑니다. 이런 상황에서는 그 어떤 무의미한 대화도 관객의 주의를 끌 수 있죠. 관객은 '지금 사소한 이야기를 할 때가 아니야. 조금 있으면 폭탄이 터질 거란 말이야!'라고 외치고 싶은 심정이 될 테니까요. 폭탄이 터지기 직전 게임이 끝나고 일어서려는데, 그중 한 사람이 이렇게 말합니다. '차나 한잔하지.' 이 순간 관객의 조바심이 폭발 직전에 이르는데, 이때 느끼는 감정이 '서스펜스'라는 겁니다."

즉, 무슨 일이 벌어질 거라는 걸 모르는 것보다, 알고 있을 때 더욱 긴장감이 극대화된다는 이야기입니다.

히치콕이 말하는
서스펜스

또 <히치콕 트뤼포>라는 다큐멘터리에서 히치콕은 영화 <이지 버추>의 한 장면을 들어 서스펜스를 이렇게 설명합니다.

> "젊은 남자가 여자에게 청혼을 하는데 여자는 답을 미루면서 이렇게 말하죠.
> '12시쯤에 돌아와서 다시 전화할게요.'
> 그럴 때 저는 다음 장면에서 전화를 엿듣는 전화 교환원의 모습을 보여줍니다. 그러면, 둘의 전화를 엿듣고 있는 전화 교환원이 서스펜스를 느끼는 것이죠. 그리고 여자가 청혼을 받아들이는 순간에 교환원은 안도하면서 서스펜스가 끝나게 됩니다. 이렇게 서스펜스는 늘 공포를 동반하는 것은 아닙니다."

다시 말해, '무언가를 기다리는 긴장감'도 서스펜스에 속한다는 의미입니다. 그래서 서스펜스는 공포영화를 넘어 미스터리, 스릴러, SF, 로맨스 코미디 등 여러 장르에서 다양하게 활용되고 있는 것이죠.

히치콕은 이렇게 수많은 후대 감독들에게 큰 영감을 준 인물로 꼽히는데요, 그가 이토록 위대한 작품을 남길 수 있었던 데는 어떠한 이유와 배경이 있었던 걸까요? 지금부터 그가 살았던 삶의 궤적을 따라가 보도록 하겠습니다.

히치콕의
'모르는 이야기'

🔲 공포를 사랑한 겁쟁이 소년

"나는 두려움이 많다. 두려움을 없애는 유일한 방법은 그들에 대한 영화를 만드는 것이다."

히치콕은 1899년에 출생해 1980년에 사망했습니다. 제1, 2차 세계대전을 포함해 인류의 격변기를 관통해 살아왔죠. 앞서 이야기했듯, 히치콕은 영화산업이 급성장했던 시기를 거쳐온 사람입니다. 무성영화부터 컬러 영화의 등장, 할리우드가 영화 공장이 되기까지의 시기를 모두 경험한 인물이죠.

히치콕의 어린 시절은 유럽이 벨 에포크(Belle Époque['좋은 시대'라는 의미로, 프랑스의 정치적 격동기가 끝나고 제1차 세계대전이 시작되기 전까지의 19세기 말~20세기 초의 기간을 이르는 말]) 시대였을 때입니다. 당시 유럽은 경제와 문화가 급속히 발전해 황금기를 누렸는데, 이때 엄청난 혁신 기술들이 쏟아져 나왔습니다. 전화와 무선통신, 철도, 자가용 비행기 등이 모두 이때 등장했죠. 과학이 온갖 문제를 다 해결해 줄 거라고 생각했던 시기였습니다.

하지만 이 거대한 발전은 유럽이 식민지에서 자원을 약탈하고 노동력을 착취해 일궈낸 성장이었습니다. 자국 내에서도 불평등이 극심했죠. 노동자들은 쉼 없이 일을 해야 했고, 아동의 노동 착취도 빈번하게 일어났으며, 곳곳에서 사회주의 운동이 발생하기도 했습니다.

히치콕이 자란 영국 레이턴스톤(Leytonston)은 런던 근교에 위치한, 인구가 폭발적으로 증가하던 도시 노동자들의 주거 지역이었습니다. 저렴한 주택이 많았던 가난한 동네였죠.

그의 가족은 할아버지 때부터 대를 이어 레이턴스톤에서 청과상을 운영했습니다. 살인이 마치 연속극처럼 일어나던 당시, 청과상을 오가는 손님들은 매일 팔꿈치에 신문을 낀 채 들어와 어제 일어난 끔찍한 사건에 대해 이야기했습니다. 이 지역은 영구 미제 사건으로 남은 희대의 살인마 잭 더 리퍼(Jack the Ripper)의 잔혹한 범죄가 일어났던 곳이기도 하죠. 잭 더 리퍼는 성매매 여성들을 중심으로 4개월간 최소 5명을 살해하며 영국을 공포에 떨게 만들었습니다. 그를 붙잡기 위해 약 80명 이상의 용의자를 구금했지만, 아직까지도 범인이 잡히지 않아 미제 사건으로 남아있죠. 빅토리아 여왕의 아들 중에 범인이 있는 것이 아닌지 의심하는 목소리가 나올 정도였습니다.

이렇게 어린 시절 다양한 살인사건을 접하며 히치콕은 '공포가 주는 쾌락'에 대해 알게 됩니다. 법정을 찾아 살인사건을 재판하는 장면을 즐겨 보고, 범죄 도구가 전시된 박물관에도 다니면서 '살인자'라는 캐릭터에 매료돼 버렸죠. 그렇게 해서 탄생한 히치콕의 첫 작품이, 잭 더 리퍼를 소재로 한 영화 <하숙인>이었습니다.

하지만 그럼에도 사실 히치콕은 겁이 많은 아이였습니다.

한번은 아버지의 심부름으로 경찰서에 갔는데, 히치콕을 본 경찰이 다짜고짜 그를 감옥에 가둬버린 일이 있었습니다. 알고 보니 히치콕의 아버지가 밤늦게 귀가한 히치콕에게 벌을 주려고 친구인 경찰에게 부탁을 한 것이었죠. 이 사건으로 히치콕은 평생 경찰에 대한 트라우마가 생겼다고 합니다. 그래서 <북북서로 진로를 돌려라> 등 자신의 영화에 등장하는 경찰을 무능한 바보처럼 다루기도 했죠.

또 운전을 무서워해서 차를 끌지 않고, 달걀이 깨지면서 흘러나오는 노른자가 역겹고 무섭다는 이유로 달걀 노른자를 먹지 않는 등 히치콕은 겁이 많은 동시에 공포에 매료된 소년이었습니다.

그는 자신의 영화가 '기괴한 상황에 처한 보통 사람들'에 대한 영화라고 말했는데, 히치콕 자신이 그런 사람의 전형이라고 할 수 있습니다. 잔혹한 상황에 처한 자신을 상상하는 보통의 사람, 의심과 서스펜스, 공포와 욕망의 범주를 통해 자신의 판타지를 강화한 인물이었죠.

평범한 회사원, 영화계의 거장이 되다

히치콕은 콤플렉스가 많았던 사람으로 알려져 있습니다. 외모가 훌륭하지도 않고, 키도 작았죠. 사춘기 시절부터 매우 뚱뚱했고, 스스로를 특별한 매력이 없는 젊은이라고 이야기하기도 했습니다. 20대 중반까지 데이트를 해본 적도 없고, 사람들 사이에서 소심하고 폐쇄적인 인물로 통했는데, 부르주아 출신의 부자 감독들이 영화를 제작하던 시기에는 비주류에 속하기도 했습니다.

히치콕이 영화계에 발을 들여놓게 된 것은 20세 무렵이었습니다. 15세 때 아버지를 여읜 뒤로, 고등학교를 졸업하자마자 생계를 위해 전기케이블 회사에서 일하게 되는데요, 그러다 광고 회사로 이직하면서 야간대학에 다니게 됐고, 미술을 배우면서 연극과 영화에 심취하기 시작합니다. 그리고 스무 살 무렵, 무성영화에 들어가는 자막을 만드는 일을 하며 드디어 영화계에 발을 들여놓게 되죠.

자막 작업을 시작으로 나중에는 세트, 시나리오, 소품 제작까지 맡으면서 능력을 인정받자 곧 '만능 일꾼'으로 소문이 났고, 히치콕의 입지가 점점 올라가자 드디어 '영화감독'의 기회가 찾아옵니다. 데뷔작은 앞서 말한 살인마 잭 더 리퍼의 범죄에서 착안한 영화 <하숙인>이었습니다. 영화는 평론과 흥행에서 모두 큰 성공을 거두면서 히치콕은, 영국 영화계에서 주목받는 감독이 됐습니다. 그는 당시를 회상하며 이런 말을 남겼습니다.

"나는 돈을 한 푼도 벌지 못했기 때문에 나 스스로에게 모든 것을 걸 수밖에 없었다."

이후 1929년엔 영국 영화 사상 첫 유성영화인 <협박>을 만들며 스릴러물에 진출했습니다. 그가 서스펜스 장르의 대가로서 명성을 다지는 첫 시작이었죠.

유성영화 초창기의 풍토는 '무대에서 성공을 거둔 연극 작품을 영화화'하는 것이었습니다. 하지만 히치콕은 이 풍토를 좋아하지 않았고, 결국 연극이 아닌 오리지널 시나리오를 바탕으로 하는 범죄 스릴러 영화를 제작하기 시작했습니다. 히치콕이 영국에서 만든 대표작들은 바로 이 시기에 발표된 것이죠. 그의 명성은 미국까지 퍼지면서 많은 제작자들로부터 러브 콜을 받았고, 드디어 할리우드에 진출하게 됐습니다.

히치콕이 영화로 성공하기 시작할 때, 미국은 할리우드를 중심으로 엔터테인먼트 산업이 성장하고 있었습니다. 그 중심에 '스튜디오 시스템'이라는 게 있었는데, 이 시스템은 영화 제작사들이 장기 계약을 맺은 스튜디오 스태프들을 데리고 소유권을 교묘하게 활용하는 것이었습니다. 그렇게 수직적 통합과 효율적인 영화 배급을 이끌어 내서 이득을 증가시키려는 목적이었죠. 총 5개의 대형 제작사가 영화 제작을 독점하고, 영화가 본격적으로 산업화되기 시작한 시기가 바로 이때였습니다.

독점이라고 하면 부정적으로 들릴 수 있겠지만 독점이 꼭 나쁜 영향만 주는 것은 아닙니다. 자본과 인력이 집중되고 효율적으로 배분되면서 '할리우드의 고전 황금기'라 불리는 시대를 낳는 원동력이 됐기 때문이죠. 그러다 보니 자본이 많이 드는 대작 영화를 제작하는 게 쉬워졌고, 경쟁에서 앞서기 위해 기술 개발에 신경을 썼기 때문에 컬러 영화 같은 새로운 기술이 속속 보급됐습니다.

이러한 영향으로 1930년대 영화산업이 양적, 질적으로 성장한 건 분명합니다. 하지만 모든 것에는 이면이 있기 마련이죠. 대형 스튜디오와 결정권자들은 기득권을 지키기 위해 배우를 포함한 제작진을 착취하고 횡포를 부렸습니다.

역사상 가장 소름 끼치는 영화 〈사이코〉

히치콕은 1940년 〈레베카〉로 할리우드에 데뷔했습니다. 이후 그의 대표작으로 꼽히는 〈현기증〉 〈북북서로 진로를 돌려라〉 〈사이코〉도 완성했죠. 특히 〈사이코〉는 히치콕의 가장 대표적인 작품이자, 대중적으로 성공을 거둔 작품으로 평가받습니다. 샤워 장면뿐만 아니라 음악도 매우 유명하죠. 〈사이코〉의 줄거리는 이렇습니다.

주인공인 마리온 크레인은 남자친구인 샘과 결혼하고 싶어서 회사에서 돈을 훔친 뒤 달아납니다. 그리고 죄책감에 시달리죠. 달아나던 중 모텔에 묵게 되는데, 바로 이때 영화 역사상 가장 충격적인 장면이 펼쳐집니다. 샤워를 하고 있던 마리온에게 커튼 뒤로 인물의 형상이 점점 다가오는 것이죠. 정체모를 괴한은 순식간에 마리온을 덮쳐 무자비하게 칼을 꽂기 시작하고, 괴한은 마리온을 살해한 뒤 떠나버립니다. 마리온의 몸에 칼이 꽂히는 장면은 나오지 않지만, 음성과 음악, 욕조에 피가 흐르는 장면은 영화사에 길이 남는 충격적인 장면 중 하나로 꼽힙니다.

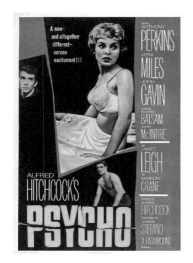

영화 <사이코> 포스터

　　영화 시작 30분 만에 사망한 주인공. 관객들은 충격에 빠졌습니다. 여기서 사용한 효과가 히치콕이 처음 고안해 낸 '맥거핀(MacGuffin)'입니다. 맥거핀은 줄거리와 상관없는 극적 장치를 마련함으로써 관객들로 하여금 아무 관련이 없는 장치에 집중하도록 유도하고, 이후 기대 심리를 배반해 긴장과 경악을 자아내 서스펜스를 느끼게 하는 것을 말합니다.

　　<사이코>의 경우 '주인공의 횡령'이 맥거핀이 되는 것이죠. 마리온이 들고 있던 돈가방과 그녀의 죽음은 관객들에게 각인됩니다. 그러나 영화가 끝날 때까지 돈의 행방은 묘연해지며 관객들의 기억 속에서도 점점 사라지게 되죠. 맥거핀이란 무엇이냐는 질문에 히치콕은 뭐라고 답했을까요?

" 스코틀랜드행 기차에 몸을 실은 주인공. 옆자리에 앉은 사람이 주인공이 들고 있는 짐을 보고 묻습니다.
'이게 뭐예요?'

'맥거핀이에요.'
'맥거핀이 뭔데요?'
'사자를 잡을 때 쓰는 겁니다.'
'스코틀랜드에 사자가 있어요?'
'없죠. 그러니까 맥거핀은 쓸모없는 것이죠.'"

맥거핀의 핵심은, 그냥 쓸모없기만 하면 안 되고, 사람들이 긴장할 정도로 '관심을 끌면서' 쓸모없어야 한다는 것이었습니다. 떡밥만 뿌리고 회수는 안 돼서 관객들의 짜증만 유발하는 이유가 맥거핀을 신중히 활용하지 못해서라는 것이죠.

<사이코>의 또 다른 감상 포인트는 '적절한 음향 효과'입니다. 히치콕은 영화가 과학 문명임을 증명한 감독이라고 할 수 있는데, 스토리, 배우의 연기, 조명, 세트도 중요하지만 무엇보다 영화는 음향과 이미지를 결합하는 게 중요하다고 강조했습니다. 히치콕은 특히 <사이코>의 샤워 장면 중 칼로 몸을 찌르는 소리를 효과적으로 전달하기 위해 많은 고민을 했다고 하는데요, 소품 담당에게 수박과 머스크멜론, 칸탈루프 멜론, 감로멜론까지 구해오라고 해 녹음실에서 소품 담당이 다양한 수박과 멜론을 칼로 찔렀고, 히치콕은 눈을 감고 앉아 그 소리를 들었다고 합니다. 그리고 테이블에 과일 조각들이 어지럽게 흐트러졌을 때쯤, 눈을 뜨고 나지막이 이렇게 말했죠.

"머스크멜론."

괴상한 성격의 소유자

히치콕이 영화사에 한 획을 그은 위대한 감독이기는 하지만, 영화계 안팎에서는 짓궂은 장난을 하는 감독으로 악명이 높았다고 합니다.

영화 <39계단>의 촬영장에서 남녀 주인공이 처음 만난 날, 히치콕은 둘의 손을 묶어 수갑을 채운 뒤, 열쇠를 잃어버린 척해서 주변을 깜짝 놀라게 했습니다. 주인공들은 안절부절못했겠죠. 또 영화 <현기증> 촬영장에서는 여자 배우 킴 노박(Kim Novak)의 분장실에 털 뽑은 생닭을 매달아 놓아 배우가 비명을 지르기도 했습니다. 자신의 매니저에게 수갑을 채우는가 하면, 몰래 변비약이 든 커피를 마시게 해 밤새 설사를 하게 만들기도 했죠.

대체 히치콕은 왜 이런 장난을 친 걸까요? 여러 가지 이유가 전해지는데, 우선 히치콕이 벌이는 이런 기행들을 기자들이 좋아했고, 자연스럽게 영화 홍보가 되다 보니 일부러 이야깃거리를 제공한 것도 있었다고 합니다. 또 이런 장난이 현장의 분위기를 환기시켜 스태프들이 재미있게 일할 수 있는 환경이 됐다고 하고요. 나름의 그럴 만한 이유가 있었던 것이지, 개인적인 감정으로 괴롭힐 생각은 없었다는 겁니다. 하지만 현장에서 히치콕의 뜻대로 잘 풀리지 않을 때는 최악의 장난을 쳤다고 하니, 일종의 스트레스 해소용이었다는 해석도 근거 없는 이야기는 아닌 것 같네요.

악의는 없었더라도, 촬영 현장에서 심한 장난을 치면 스태프나 배우들이 히치콕을 아주 싫어했을 법한데요, 배우들은 다른 면에서 히치콕을 어려워했습니다.

영화의 전체적인 구조를 생각하는 것은 물론, 하나부터 열까지 치밀한 계획 하에 작업을 하던 히치콕은, 디테일에 집착하는 완벽주의자였습니다. 배우도 철저히 영화의 일부로 생각했죠. 개인의 주관이 들어간 연기를 하면 싫어했기 때문에 배우들은 히치콕의 이런 면을 어려워했습니다.

<현기증>의 주연 킴 노박은 히치콕이 회색 정장을 입으라고 했지만 거부했고, 대사나 연기에 아이디어를 제안했습니다. 그러자 히치콕은 여럿이 함께하는 식사 자리에서 노박이 모르는 주제로만 대화했습니다. 노박이 무식하고 못 배운 사람처럼 보이게 만들어 버린 것이죠. 그 뒤로 노박은 고분고분해졌습니다. 실제로 히치콕은 배우의 연기가 마음에 들지 않으면 현장에서 촬영을 멈추고 몇 시간이나 시간을 끌면서 긴장감을 유발했고, 영화에 잘 어울리는 배우에게는 한없이 다정하게 대하는 등 자신의 의견에 배우가 따라주기를 바랐던 감독이었습니다.

히치콕에 대한 또 다른 악명 중 하나는 '금발 미녀'에 집착한다는 것이었습니다. 초창기 때부터 그의 작품에는 늘 곱슬곱슬한 금발의 백인 여성이 등장했는데, 그 불문율을 깨고 영화 <마니>에 흑발의 여성이 나와 관객들을 의아하게 만듭니다. 하지만 곧 머리를 감으니 염색이 빠져나가 금발로 돌아오는 장면을 넣음으로써 '히치콕의 영화' 하면 '금발 미녀 등장'이라는 기존 법칙에 변함이 없음을 보여주었죠.

금발 배우들은 목이 졸리고, 높은 데서 뛰어내리기도 했는데, 특히 <새>의 주인공인 티피 헤드런(Tippi Hedren)은 촬영 당시 새가 잔뜩 있는 방에 들어가 날카로운 부리에 공격당하기까지 했습니다. 히치콕이 촬영 전에는 인공 새라고 했지만 당일에 보니 진짜 새였던 것이죠. 헤드런은 공격하는 새들 때문에 크게 다쳐서 기절했고, 병원에 입원까지 했습니다.

사실 히치콕은 헤드런에게 관심이 있었는데, 헤드런이 이를 받아주지 않자 복수를 한 거라는 이야기가 있습니다. 이런 것만 봐도 그가 금발의 미녀에게 얼마나 집착했는지 알 수 있겠죠.

그런데 이유가 뭘까요? 금발의 미녀에게 집착한 이유에 대해, 그는 '여자배우의 매력에도 서스펜스가 있어야 한다'고 말합니다. 마릴린 먼로(Marilyn Monroe)처럼 대놓고 성적 매력이 드러나는 것보다, 정숙해 보이는 여성이 남자와 둘만 있을 때 갑자기 유혹하는 장면이 관객들에게 더욱 서스펜스를 준다고 말이죠. 겉으로는 차가워 보이는 금발 미녀가 품위 있으면서도 호기심을 자극한다는 의미해서 선호했다는 겁니다. 하지만 전문가들의 분석은 다릅니다. 히치콕은 신체적인 문제로 평소 성욕을 억누르고 살았다고 알려져 있었고, 여성들에게 인기가 없었습니다. 그런 데서 오는 좌절과 억눌린 욕망을, 사귈 수 없는 금발의 미녀를 괴롭히면서 해소한 거라는 분석이죠. 둘 중 무엇이 맞는지는 알 수 없지만, 여튼 그럴듯한 해석이기도 합니다.

🏳 할리우드의 암흑기

히치콕은 존경스러운 감독으로 꼽히지만, 현장에서 배우들을 괴롭힌 건 비난받아 마땅합니다. 당시에는 배우를 도구로 취급하는 것이 당연시되던 시절이었는데요, 제작사에 종속된 배우들에겐 인권이 없었습니다. 장시간 노동은 당연했고, 감독과 제작사가 하라는 대로 해야 하는 분위기였죠.

이러한 배우들의 착취를 보여주는 대표적인 예가 배우 주디 갈란드(Judy

Garland)입니다. 1939년 할리우드의 전성기에 등장한 뮤지컬 영화 <오즈의 마법사>에서 주인공 도로시 역으로 유명한 배우죠. 나이는 17세에 불과했는데, 갈란드는 촬영 당시 어린 여성이 주연을 맡은 것에 앙심을 품은 남성 배우들로부터 온갖 무시와 성추행을 당했습니다. 또 장시간 지속되는 촬영에 갈란드가 힘들어하면 관계자들은 각성제를 먹였고, 촬영이 끝나면 다음 날 촬영을 위해 빨리 재워버리려고 수면제를 먹였습니다. 촬영 내내 갈란드는 약물에 취해있던 셈이죠. 심지어 다이어트를 위해 하루에 수프 한 접시와 블랙커피 한 잔으로 버텨야 했고, 식욕을 떨어뜨리기 위해 하루에 담배 80개비를 피울 것을 강요받았습니다. 지금으로선 상상할 수 없는 심각한 범죄죠.

이렇게 당시 할리우드는 배우를 도구로 대할 뿐이었습니다. 그래서 히치콕에 대한 지금의 평가가 엇갈리는 것이죠. 그가 살던 20세기 초는 초기 자본주의의 병폐가 만연했던 시대였고, 아동을 공장에서 착취하던 게 상식이었습니다. 그런 야만적인 시대를 살았던 사람이라는 전제를 적용하면, 그를 평가하는 우리의 마음이 조금 덜 무거울 수 있지 않을까요? 히치콕이 나쁜 사람이라기보다 당시 대다수의 사람들처럼, 인권에 대한 의식이 없던 시대의 사람이었다고도 볼 수 있겠습니다.

영화 <오즈의 마법사> 도로시 역을 맡은
주디 갈란드

🔲 아내에게는 따뜻했던 남자

젊은 시절의 히치콕과
레빌의 결혼식

여자 배우들을 괴롭힌 히치콕의 가정생활은 어땠을까요? 뜻밖에도 그는 가정에 매우 충실한 남편이었다고 합니다.

아내 알마 레빌(Alma Reville)은 히치콕이 데뷔하기 전 영화사 직원일 때 만났던 편집실 직원이었는데, 히치콕이 나중에 영화 작업을 하면서 알마에게 전화를 걸어 도움을 요청했고, 그 뒤로 몇 년간 함께 작업을 하며 자연스럽게 연인으로 발전했다고 합니다.

알마는 히치콕이 미국으로 건너가기 전까지 그가 맡은 거의 모든 작업의 첫 관객이자 비평가였다고 하는데요, 심지어 히치콕이 초보 시절 촬영이 끝날 때마다 매번 알마에게 괜찮은지를 물었고, 알마가 고개를 끄덕이면 비로소 다음 장면으로 넘어갈 정도였다고 하네요.

또 아이디어를 구상하거나 시나리오를 집필할 때도 히치콕은 늘 아내의 평가를 받았습니다. 영화 <사이코>의 샤워 장면에 등장하는 배경음악도, 원래는 히치콕의 의도가 아니었지만 아내가 넣자고 강력하게 주장하면서 세상에 공개된 것이죠. 배우들에게는 갈등을 유발하는 고집불통의 감독, 아내에게는 한없이 다정한 남편으로, 양면적인 면을 가진 사람이었습니다.

한편 아내와의 관계는 영화의 모티브가 되기도 했습니다. 어느 날 두 사람이 작업을 끝낸 뒤 영국으로 돌아오는 길에 폭풍우를 만났는데, 배가 심하게 흔들리던 그때, 히치콕은 알마가 있는 객실에 들어가 "나와 결혼해 주겠소?"라며 알마에게 프러포즈를 합니다. 이날의 에피소드가 모티브가 돼 그의 영화에 '바다 위의 프러포즈' 장면이 등장하죠. 자전적 경험을 반영해 폭풍우와 같은 위험한 환경이 두 사람을 연인으로 맺어주는 핵심 요소가 된 겁니다.

반면에 부정적인 의미로 모티브가 된 적도 있습니다. 히치콕 부부 모두 작업하는 동료와 썸을 타서 다투는 시기가 있었는데, 그래서인지 히치콕의 영화 중 7편에서나 주인공이 아내를 살해하려는 내용이 나옵니다.

영화 <다이얼 M을 돌려라>에서는 아내가 옛 동창과 사랑에 빠지자, 아내의 유산을 노리고 청부 살인을 계획하는 남편을 묘사했죠. 히치콕이 아내에 대한 불만을 이런 방법으로 해소했을 거라는 해석도 있습니다.

어쨌거나 두 사람은 말년까지 오순도순 잘 살았다고 전해집니다. 그가 아내를 얼마나 끔찍하게 생각했는지, 히치콕이 영화 <현기증>을 찍을 때 아내가 암 선고를 받았는데, 아내의 수술 날과 촬영일이 겹치는 것을 알고는 현장에서 펑펑 울었다는 이야기도 있습니다. 아내가 자신의 세계의 전부이기에 영화가 다 소용없다면서 말이죠.

그 후 히치콕은 암 치료 관련 자선단체에 큰돈을 기부했고, 미국 암협회가 만드는 캠페인 방송에 출연하기도 했습니다. 히치콕과 알마 부부는 영화가 개봉하면 함께 여행을 다니며 여생을 잘 보냈다고 하네요.

히치콕의 영화가 사랑받는 이유

히치콕은 1980년에 세상을 떠났지만, 아직까지도 많은 영화감독들이 히치콕의 영향을 받아 작품을 만들고 있습니다. 오죽하면 '히치콕의 스타일'이라는 뜻의 '히치코키언(Hitchicockian)'이라는 말까지 생겼을 정도죠. 그의 영화가 이토록 사랑받는 가장 큰 이유는, 히치콕 특유의 촬영법과 편집법 때문입니다.

그의 대표적인 촬영법 중 하나가 '훔쳐보는 듯한 느낌'의 구도로 촬영하는, 관음증적인 시선의 촬영법인데요, <이창> <현기증> <사이코> 모두 이러한 촬영법으로 연출됐습니다. <이창>은 다리를 다친 주인공이 삶의 무료함을 견디기 위해 이웃집을 훔쳐보는 장면이 나오고, <현기증>은 의뢰를 받은 사립 탐정이 한 여성을 미행하다가 사랑에 빠지게 되는 이야기가, <사이코>에서는 모텔 주인이 벽에 뚫린 구멍을 통해 투숙객을 감시하는 장면이 등장합니다. 조마조마하면서도 왠지 남을 훔쳐보고 싶은 심리를 잘 반영한 기법이라고 할 수 있죠. 히치콕은 이렇게 누군가를 몰래 보는 행위 자체로 서스펜스가 극대화된다고 봤습니다.

그의 또 다른 촬영기법으로 '현기증 기법'이라는 것도 있습니다. '트랙아웃/줌인(Track-out/Zoom-in) 기법'으로도 불리는 이 기술은, 마치 2D인 화면을 3D처럼 보이게 해서 멀미가 나게 하는 효과를 주는 겁니다. 렌즈의 줌을 밖으로 당겨 늘리는 동시에, 카메라를 안으로 밀면서 촬영하는 것이죠. '히치콕 줌(Hitchcock Zoom)'이라고도 불리는 이 촬영법은 요즘 영화에도 많이 쓰이는 기법 중 하나입니다.

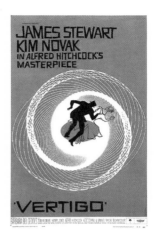

영화 <현기증> 포스터

    촬영 기법에 그것을 개발한 감독의 이름이 붙어 고유명사가 된다는 것은, 그만큼 그 영화감독의 영향력이 대단하다는 것을 의미하는데요, 그렇다면 수많은 영화감독들 사이에서 유독 히치콕이 존경받는 이유는 무엇일까요? 무엇이 그를 특별한 감독으로 만든 걸까요?

    어린 시절부터 콤플렉스가 많았던 히치콕은 영화만이 자기 존재를 증명할 수 있다고 생각한 사람이었습니다. 본인을 표현하는 유일한 수단이 영화라고 여겼기에 당연히 영화를 대하는 태도가 남들과 달랐고, 그래서 훌륭하다고 평가받을 정도의 멋진 영화를 만들게 된 것이죠.

    히치콕이 활동하던 당시, 그는 예술가라기보다 돈을 잘 벌어들이고 인기가 높은 대중적인 감독으로 통했습니다. 하지만 지금 그의 작품은 예술영화로 평가받고 있죠.

그의 영화에 대한 평가가 바뀌게 된 이유는 무엇일까요? 그 중심에는 프랑수아 트뤼포(Francois Truffaut)가 있었습니다. '누벨바그(Nouvelle Vague[1950년대 후반 프랑스에서 젊은 영화인을 중심으로 일어난 영화 운동. 기존의 영화 작법을 타파하고 즉흥 연출, 장면의 비약적 전개, 대담한 묘사 따위의 수법을 시도함])'의 거장으로 불리던 트뤼포는, 장편 데뷔 영화 <400번의 구타>로 칸영화제 감독상을 수상하면서 세계적인 주목을 받는 신예 감독이었습니다. 그런 그가 가장 좋아하는 감독을 묻는 미디어 관계자의 질문에 언제나 히치콕에 대한 언급을 빼놓지 않았죠.

심지어 히치콕을 향한 자신의 흠모와 호평을 전 세계에 알리려는 야심 찬 계획을 세우기도 했습니다. 일주일간 매일 히치콕과 인터뷰를 한 뒤, 《히치콕과의 대화》라는 책을 내기도 했는데, 책에는 히치콕의 작품 세계를 분석해 그가 각 장면을 어떻게 만들어 냈고, 사람들이 왜 그의 작품을 좋아하는지에 대한 내용이 담겼습니다. 그제야 대중은 히치콕의 생각과 연출 의도를 알게 됐고, 히치콕은 예술감독으로 인정받을 수 있었죠.

노년까지도 활약한 감독

히치콕은 오랜 시간 최고의 흥행 감독으로 명성을 떨쳤지만, 영화 <새> 이후 만든 영화들이 크게 성과를 거두지 못하면서 나이가 들어 한물갔다는 평가를 받았습니다. 그러다 73세에 영화 <프렌지>를 만들며 재기에 성공했죠. 성기능에 문제가 있어 살인을 통해 자신을 과시하는 남자의 이야기인데,

히치콕의 특기인 연출에 집중하여 대중과 평론가들에게 큰 호평을 받았습니다.

77세의 나이에 마지막 영화를 만들며 노익장을 과시했고, 뒤늦게 영국 기사 작위를 받기도 했습니다. 이후 건강이 점점 악화돼 1980년, 만 80세의 나이로 세상을 떠났습니다.

그의 죽음에 대해 프랑스 영화 감독 장 뤽 고다르(Jean Luc Godard) 감독은 시각적인 영화의 힘이 종말 했다며 이렇게 평했습니다.

" 히치콕의 죽음은 하나의 시대에서 다른 시대로의 이전, 즉 시각성에 대한 의심 혹은 더 정확하게 말해서 시각성의 쇠퇴로 정의되는 시대로 들어가고 있음을 의미한다. "

다시 보는 히치콕,
영화 거장이 남긴 것

히치콕은 서스펜스 영화와 할리우드 황금기를 대변하는 사람입니다. 히치콕 시대의 영화는 대중들이 즐기는 흔한 오락거리였죠. 그래서 그 시절 영화에 대한 추억이 있는 사람들이 히치콕을 더욱 존경하는 것일지도 모르겠습니다. 그에 대한 존경이, 곧 영화사(史)에 대한 동경과 애정으로 이어진다고 볼 수 있겠죠.

'히치코키언'이라는 용어까지 만들어 낼 정도로 영화계에 큰 파장을 일으킨 히치콕. 그는 많은 콤플렉스를 지녔음에도 불구하고, 영화에 대한 열정으로, 주류를 차지하던 감독들을 뛰어넘어 최고가 될 수 있었습니다. 물론 양면적인 인물이었기에 평가가 엇갈리기도 하지만, 영화감독으로서의 히치콕이 있었기에 오늘날의 영화가 있는 게 아닐까 싶습니다.

인물사담회
다시보기

6

영웅과 욕망 사이,
나폴레옹 보나파르트

#전쟁_영웅 #탁월한_전략가 #아우스터리츠 #불가능은_없다
#이미지_메이킹의_달인 #콤플렉스와_외로움 #8천권의_독서 #조세핀

Napoléon Bonaparte

(1769.8.15.~1821.5.5.)

'내 사전에 불가능은 없다'.

프랑스의 역사를 바꾼 황제 나폴레옹 보나파르트(Napoléon Bonaparte)의 명언이죠. 나폴레옹이 완성작을 보고 매우 흡족해했다는 자크루이 다비드(Jacques-Louis David)의 <알프스를 건너는 나폴레옹>에는 영웅으로서 위엄 넘치는 그의 면모가 잘 담겨있습니다. 유럽 대륙을 정복하고 프랑스를 강대국으로 만든 절대 영웅. 하지만 프랑스 국민 모두가 그렇게 평가하는 것은 아닙니다. 프랑스에서는 그의 인생과 업적의 공과를 놓고 논쟁이 뜨겁습니다.

나폴레옹 서거 200주년을 맞이했던 지난 2021년, 프랑스에서는 나폴레옹을 기념하자는 세력과 기념하지 말자는 세력이 대립했는데요, 영웅처럼 신격화된 이미지에 가려진 그림자는 무엇인지, 또 우리가 아는 나폴레옹의 업적들은 어떤 것들이 있는지 지금부터 나폴레옹의 면면을 하나씩 살펴보도록 하겠습니다.

'아는 사람'
나폴레옹

전쟁 영웅 나폴레옹

나폴레옹은 훌륭한 장군으로 평가받습니다. 그가 치른 전투는 총 86번이었는데, 그중에 무려 77번이나 승리했으니 승률이 거의 90%에 가까운 것이죠. 1805년에는 울름(Ulm)전투와 아우스터리츠(Austerlitz)전투, 1806년에는 프리틀란트(Friedland)전투, 1809년에는 에크뮐(Eggmühl)전투, 1809년엔 바그람(Wagram)전투에서 승리를 거두며 영웅의 면모를 드러냈습니다.

그중에서도 가장 빛나는 전투로 손꼽히는 것이 아우스터리츠 전투인데, 이 전투는 1805년 오스트리아 제국에서 벌어진 프랑스와 오스트리아, 러시아 연합군의 전쟁이었습니다. 프랑스에서는 나폴레옹이, 러시아에서는 알렉산드르 1세가, 오스트리아에선 프란츠 1세라는 황제가 전투를 지휘했기 때문에 '삼제전투'로 불리기도 하죠.

전략가 나폴레옹의 진가가 바로 이때 나오는데요, 명장 쿠투조프(Kutuzov)의 지휘 아래에 있던 연합군은, 나폴레옹군의 힘이 점점 더 빠질 거라고 예측했습니다. 소빙하기의 영향으로 10, 11월에도 영하권 날씨가 유지됐기 때문에, 프랑스군은 장거리 행군과 추위로 지쳐있었습니다. 더군다나 프랑스군이 다른 군대보다 유난히 빠른 속도로 이동했기에 그만큼 에너지 소모가 더 클 거라고 예상한 것이죠. 이러한 판단 아래, 연합군은 프랑스군과의 접전을 교묘하게 피하며 서서히 후퇴했습니다. 러시아에서 14만 명에 달하는 증원군을 보내준다고 하니 기다리면서 시간을 벌려는 목적도 숨어있었죠.

이때 나폴레옹은 기막힌 작전을 펼쳤습니다. 양측은 약 10km의 거리를 두고 서로 대치하고 있었는데, 나폴레옹은 적에게 일부러 프랑스군의 우측편 전투력을 약하게 보이도록 만들었습니다. 연합군이 우측을 공격해 오면 프랑스군의 진짜 본진이 연합군의 중앙을 공격하겠다는 계획을 세운 것이죠. 연합군은 정확히 나폴레옹의 계산대로 움직였습니다. 언덕 위에 있던 연합군은 좌측에 프랑스군 일부가 모여있는 것을 목격하고는 고민에 빠졌습니다. 지휘관 쿠투조프가 증원군이 올 때까지 기다리자고 했지만, 조급해진 러시아 황제 알렉산드르 1세는 프랑스 군인들이 보이니 즉각 공격을 명령합니다. 연합군의 중앙 방어가 약해졌음을 확신한 나폴레옹은 술트(Jean-de-Dieu Soult) 장군에게 적진까지 얼마나 걸리겠냐고 물었고, 술트는 "20분이면 충분하다"고 자신 있게 대답했습니다. 그러자 나폴레옹이 이런 말을 던집니다.

> " 그러면 15분을 주겠네. 우리는 단 한 번의 날카로운 공격으로 이 전쟁을 끝낼 것이다. "

나폴레옹의 판단은 정확히 들어맞았습니다. 연합군은 프랑스군에 완전 굴복하며 퇴각을 결정했습니다. 하지만 그들이 도망간 곳은 꽁꽁 언 호수 위였습니다. 나폴레옹은 포병대에게 얼음을 향해 포격을 가하라고 명령했습니다. 얼음이 깨지자 후퇴하던 연합군은 얼음물에 빠져버렸고, 전쟁은 프랑스의 대승리로 끝났습니다.

탁월한 군사적 기량으로 전쟁을 승리로 이끈 나폴레옹은 공격의 기회를 잡는 것을 매우 중요하게 생각한 전술·전략가였습니다. "오늘 기회를 놓치면 다시 기회가 온다고 기대하지 말자"는 말을 자주 되뇌었을 정도였죠. 심지어 시계를 들고 다니며 전투 시간을 조절했다는 이야기까지 전해집니다.

탁월한 전술·전략가

당시 전쟁에서는 일반적으로 강한 군대를 정면에 배치해 적과 정면으로 교전하는 '강대강' 전략을 많이 썼는데, 나폴레옹은 적과 정면으로 교전하는 것처럼 위장한 후 적의 측면이나 배후로 이동시켜 적군을 느닷없이 공격하는 한 수 위의 '배후기동' 작전을 펼쳤습니다.

또 매우 넓은 전선에 100km가 넘는 거리까지 병력을 분산 배치하는 등 적군의 입장에서 정확히 어디에 병력이 집중돼 있는지 알 수 없게 하는 전략도 사용했습니다. 이 작전이 가능했던 것은 프랑스군의 강점인 '빠른 이동속도' 덕분이었습니다. 연합군이 분당 70보 정도 걸으면 프랑스군은 120보를 행군했는데, 어마어마한 군 장비를 짊어진 군인들에게 어떻게 이런 일이 가능한가 싶지만, 나폴레옹 군대는 가능했습니다. 적군이 9일 치 식량을 지고 다닐 때 프랑스군은 사흘 치 이상의 식량을 절대 지고 다니지 않았기 때문이죠. 부족한 물자는 현지에서 약탈과 징발을 통해 조달했습니다. 특히 이탈리아에서 오스트리아와의 전쟁이 있을 때 약탈이 가장 심했는데, 전쟁에 나간 프랑스 장군들이 짐 마차에 약탈한 미술품을 실어 파리로 보낼 정도로 '약탈 잔치'를 벌인 것으로 전해집니다. 또 군대의 미지급분 급여를 충당하기 위해 정복지를 수탈해 병사들에게 급여를 챙겨주니 군대 내 나폴레옹의 인기가 날로 하늘을 찌를 수밖에 없었죠.

나폴레옹이 무기에 강했던 것 역시 전쟁에 능할 수 있었던 비결 중 하나였습니다. 사관학교 시절 포병이었던 나폴레옹은 포탄의 각도 등을 잘 계산할 줄 아는 고학력자였기 때문에 기본적으로 다른 병사들보다 치밀한 전략 수립이 가능했습니다. 또 무기 개발이 활발했던 당시 대포가 대량 생산되고, 포신과 포가 매우 가벼워진 점도 그를 도왔다고 할 수 있죠.

치밀하고 전략적인 그의 성향은 무기 사용과 전술에만 돋보인 것이 아니었습니다. 병사들의 사기를 북돋아 주는 데도 매우 전략적이었죠. 우선 전쟁의 연속된 승리로 '불패 부대'라는 자부심을 심어주었고, 좋은 장비를 보급해 주었으며, 금과 같은 주화로 급여를 주었습니다. 또 특전이나 직함을 부여하며 식민지 약탈을 눈감아 주는 등 병사들에게서 불만이 나오지 않도록 잘 구슬리기도 했습니다. 기억력까지 매우 뛰어나서 사병들의 이름을 다 외워 일일이 호명해 감사의 말을 전하기도 했으니, 병사들의 입장에서는 감개무량했겠죠. 특히 감사의 표시로 나폴레옹이 병사들의 귀를 만지는 습관이 있었다고 하는데, 병사들은 이것을 친근함의 표시라고 생각했다고 하네요.

뿐만 아니라 그는 전투식량에도 혁명을 불러왔습니다. 17세기 당시 전쟁 중 굶주림과 괴질(怪疾)로 죽는 병사가 많았고, 보급을 기다리느라 전투가 지

체되는 일도 허다했습니다. 무엇보다 보급의 중요성을 절감한 나폴레옹은 이를 해결하기 위한 방법으로 지금의 공모전과 같은 이벤트를 고안했습니다.

> "군인들이 건강한 식품을 먹는 방법을 개발한 사람에게 1만 2천 프랑(오늘날의 가치로 환산하면 약 6천만 원)의 상금을 주겠다."

반응은 뜨거웠습니다. 심령술사, 점쟁이 등 다양한 직업의 사람들이 몰려들었고, 그중 니콜라 아페르(Nicolas Appert)라는 요리사가 '샴페인병' 아이디어를 내 주목을 받았습니다. 내용은 이렇습니다.

> "식자재를 요리한 다음 그 음식을 병에 넣어 코르크 마개로 막은 뒤, 끓는 물에 병을 넣었다가 꺼내면 병 안의 음식을 오래 보관할 수 있습니다."

오늘날의 저온살균법과 유사하다고 볼 수 있죠. 75도의 온도에서 살균하면 식자재가 온전하게 보전되는 원리를 활용한 겁니다.

나폴레옹 정부는 곧 병조림 식품을 대량생산 하는 공장 건설 책임자로 아페르를 임명했습니다. 아페르는 보관법을 논문으로 정리해 달라는 정부의 요청을 받아들여 기존 1만 2천 프랑의 2배인 2만 4천 프랑을 받았습니다.

그런데 우연인지 필연인지, 영국에서도 비슷한 시기에 깡통 식품을 보관하는 방법을 개발했습니다. 피터 듀란드(Peter Durand)라는 영국 상인이었는데, 아페르의 병 보존법보다 우수한 '주석 깡통(Tin Canister)' 보존법을 발견해 파손이 쉬운 유리병의 단점을 단번에 해결했습니다. Tin Canister는 오늘의 '캔(Can)'으로 줄여 불리게 됐죠.

프랑스는 영국의 듀란드가 자국 아페르의 것을 베꼈다고 발끈하면서 캔을 누가 먼저 개발했는지 논쟁을 벌였습니다. 당시에 결론이 어떻게 내려졌는지는 알 수 없지만, 니콜라 아페르가 오늘날까지 '통조림의 아버지'로 불리는 것을 보면 '최초의 통 보존법 개발자는 아페르'라는 쪽에 더 무게가 실리지 않을까 싶네요.

  탁월한 전술·전략가이자, 뛰어난 리더로 평가되는 나폴레옹은 후대에도 '강인하고 투철한' 이미지로 각인됐습니다. 앞에서 소개된 자크루이 다비드의 <알프스를 건너는 나폴레옹> 명화에서 역동적이고 강한 그의 이미지가 잘 드러났죠. 그가 이탈리아 원정을 위해 6만 명이나 되는 대병력을 이끌고 길도 없는 알프스를 넘겠다고 했을 때 사람들은 그의 계획을 비웃었지만, 군인과 말, 대포의 행렬이 무려 약 32km나 되는 그 엄청난 규모를 이끌고, 나폴레옹은 보란 듯이 알프스 정상에 올라섰습니다.

  병사들이 모닥불 둘레에서 잠이 들면, 보초병에게 불이 꺼지지 않도록 신경 쓰라는 지시를 잊지 않았고, 다시 진격이 시작되면 돌격의 나팔소리로 사기를 북돋는 등 나폴레옹은 뛰어난 리더십을 발휘해 이탈리아 원정에 성공했습니다. 그리고 이런 말을 남겼죠.

  "나의 사전에 '불가능'이라는 말은 없다. 승리를 결심한 자는 절대 불가능이란 말을 하지 않는다."

나폴레옹의
'모르는 이야기'

🗋 유년 시절 콤플렉스

바람에 날리는 망토, 휘날리는 말갈기….

적진을 향해 손을 뻗으며 말을 타고 힘 있게 산을 오르는 나폴레옹의 모습은 기개 넘치는 장군의 위엄을 보여줍니다. 눈 덮인 알프스산맥은 한겨울 추위가 느껴질 정도로 삭막한 분위기이지만, 사실 이 그림은 실제와는 거리가 먼 연출된 작품이라고 합니다.

자크루이 다비드의
<알프스를 건너는 나폴레옹>
1801

폴 들라로슈의
<알프스를 넘는 보나파르트>
1850

나폴레옹이 알프스산맥을 넘을 때는 화창한 날씨였고, 그가 탄 건 백마가 아니라 노새였다고 하는데요, 한마디로 미화된 그림이라는 것이죠.

'인류는 상상력에 의해 통치된다'는 그의 말처럼, 나폴레옹은 자신의 영웅 이미지를 내세우면서도 안으로는 말 못 할 콤플렉스를 가지고 있었습니다. 그중 하나가 '작은 키'였는데요, 당시 성인 남성의 평균 키는 165cm, 나폴레옹은 168cm로 아주 작은 키는 아니었습니다. 그런데 왜 그의 키가 작은 키로 인식되었을까요? 일각에서는 라이벌 국가였던 영국이 일부러 나폴레옹을 작은 사람으로 묘사했다는 주장도 있고, 황제였던 시절 근위대 병사들의 키가 컸기 때문에 상대적으로 작아 보였을 것이라는 주장도 있습니다.

그의 두 번째 콤플렉스는 자신에게 '외톨이' 시절이 있었다는 겁니다.

나폴레옹은 프랑스 변방의 코르시카(Corsica)라는 작은 섬에서 태어났습니다. 당시 이곳은 이탈리아 제노바의 지배를 받다가 다시 프랑스의 통치를 받던 상황이었죠. 이탈리아 하급 귀족 출신인 나폴레옹의 부친은 독립투쟁을 벌이다가, 출세를 위해 프랑스 지배에 협력하게 되면서 하급 귀족 작위를 받았습니다. 자녀들 또한 지금의 신분에서 머무르지 않고 출세하길 바라는 마음에서 나폴레옹을 브리엔(Brienne)군사학교로 보내 장교 교육을 받게 했습니다. 당시 포병으로 진학하려면 수학 성적이 우수해야 했는데, 합격자가 극소수인 포병에 나폴레옹이 당당하게 합격했습니다. 하지만 수학 실력만큼 모든 것을 다 잘하지는 못했습니다. 음악에 소질이 없어서 음정과 박자도 맞추지 못했고, 춤과 펜싱에도 재능이 없었죠. 또 친구들과도 잘 어울리지 못했습니다. 그의 이름은 본래 '나폴레오네(Napoleone)'였는데, '코에 붙은 지푸라기'라는 뜻의 '라파이오네(La paille au nez)'로 불리면서 친구들의 놀림을 받았습니다. 아이들이 괴롭히니 하루가 멀다 하고 난투극이 벌어졌죠. 그래서 늘 외톨이로 지냈습니다.

내성적인 성격 탓일 수도 있었겠지만, 나폴레옹이 친구들과 잘 어울리지 못한 데는 엄격한 집안 분위기 영향도 컸습니다. 아버지는 교육의 중요성을 강조하는 가정에서 자라, 철저한 규율과 원칙 속에서 자녀를 교육시켰고, 코르시카 출신의 어머니 또한 나폴레옹을 늘 엄하게 훈육했죠. 작은 실수 하나도 용납하지 않아 그의 뺨을 때리고 채찍질하는 등 난폭한 행동까지 서슴지 않았습니다. 어쩌면 이런 부모를 둔 배경이 그를 더 내성적이고 성숙한 아이로 만들었을지 모릅니다.

후에 나폴레옹은 위암으로 세상을 떠난 아버지의 역할을 대신하기 위해 군인의 길을 선택했습니다. 가장이었던 그는 월급의 대부분을 집으로 보냈고, 독방처럼 작은 창문 하나에 침대, 탁자, 의자만 있는 쪽방에서 생활했습니다. 돈을 아끼려고 하루 한 끼 식사를 했는데, 배고픔을 덜 느끼기 위해 오후 3시쯤 식사를 했습니다. 그리고 18시간 책을 본 후 밤 10시가 돼서야 잠이 들었죠. 이때 자신의 심경을 이렇게 기록했습니다.

> "나는 사람들에게서 늘 홀로 떨어져 고독하게 꿈에 잠기며 나를 우울하게 만드는 그 모든 힘에 굴복한다. 삶은 내게 짐이다. 아무런 기쁨도 느끼지 못하고 모든 것이 고통이기 때문이다. 삶은 내게 무거운 짐이다."

나폴레옹이 의지할 수 있었던 유일한 탈출구는 책과 글이었습니다. 마구잡이식 독서를 시작해 평생 약 8,000권에 달하는 책을 읽었다고 전해지죠.

그중에서도 그가 처음 읽은《질 블라스》는 가난한 에스파냐 소년의 성공담을 담은 책인데, 나폴레옹은 이때부터 성공과 출세에 대한 욕망을 품은 게 아닐까 싶습니다.

📖 개천에서 용 나다

평범했던 나폴레옹이 두각을 나타낸 건 바로 전투 공적 때문이었습니다. 그중 대표적인 게 툴롱(Toulon) 전투였죠.

1789년, 프랑스 대혁명이 일어나면서 절대 왕정이 폐지되고, 루이 16세가 처형당하면서 혁명의 열기가 점점 뜨거워지자, 이웃 나라에서도 위기감을 느끼기 시작했습니다. 영국과 오스트리아 등 유럽에서는 혁명이 자국에까지 퍼지면 안 된다며 프랑스를 견제하는 '대프랑스동맹'을 맺고, 프랑스혁명이 퍼지는 것을 막으려 했습니다.

프랑스 남부 '툴롱'이라는 지역은 군사 방어를 목적으로 요새화된 항구도시였는데, 당시 프랑스혁명 세력에 반대하는 왕당파가 이곳을 장악하고 있었습니다. 프랑스혁명 세력과 대프랑스동맹이 맞붙어 혁명전쟁이 일어났죠.

그리고 1793년, 왕당파가 위기감을 느끼고 방어를 위해 영국군에게 도움을 요청했습니다. 하지만 끄떡도 없었죠. 이때 카르토(Carteaux) 장군이 등장합니다. 혁명 세력을 이끌던 화가 출신의 카르토는, 전쟁에서 이기기 위해서는 고지를 선점해야 한다고 판단했습니다. 그래서 고지대인 올리울(Ol-lioules) 지역을 택했죠. 올리울에서 툴롱 항구까지는 약 6km 떨어졌는데, 당시 프랑스에서 사용하던 대포의 사정거리는 약 2km로, 타격 지점까지는 턱도 없는 거리였습니다.

그럼에도 불구하고 그는 대포를 쏘자고 떵떵거렸고, 이를 한심하게 여긴 나폴레옹이 정치적인 방법을 선택합니다. 카르토의 무능함을 정부에 보고하고, 그를 사령관직에서 몰아낸 것이죠. 이후 새 사령관이 임명됐고, 그가 나폴레옹의 지시에 따르자 곧 영국 해군을 몰아내는 데 성공합니다. 툴롱 전투를 성공으로 이끈 나폴레옹은 그 공을 인정받아 말단 병사에서 장군으로 초고속 승진을 하게 됩니다.

툴롱 전투에서 입지를 다진 나폴레옹은 알프스산맥을 넘어 이탈리아 원정까지 성공시켰고, 프랑스 국민의 뜨거운 지지를 얻게 됐습니다. 하지만 거기에서 그치지 않고 더 많은 공을 세워야겠다며 이집트 원정을 선택하죠. 이제 정치적 능력까지 보여주고 싶었던 겁니다.

프랑스혁명 세력의
수장이었던 카르토 장군

🏛 타고난 정치인

1798년에 시작한 이집트 원정은 나폴레옹이 영국의 인도 통상로를 끊기 위한 침공이었습니다. 기자 피라미드(Giza Pyramid) 부근에서 이루어진 피라미드 전투에서 나폴레옹이 이집트군을 섬멸하는 데는 성공했지만, 영국이 가만히 있지 않았습니다. 당시 해군력이 막강했던 영국은 이집트를 침략한 프랑스 해군을 향해 공습을 퍼부었고, 프랑스 해군은 넬슨(Horatio Nelson) 총독이 이끈 영국 해군에게 궤멸당하고 말았습니다. 바닷길이 영국에게 잡히니 육지에 있던 나폴레옹은 본국과의 연결이 끊기면서 식량 보급과 군사 지원을 받지 못하게 됐고, 결국 수세에 몰리게 됩니다.

게다가 영국, 오스트리아, 러시아 등의 국가들이 프랑스로 쳐들어오겠다고 난리인 상황. 이때 나폴레옹은 심복들만 데리고 몰래 이집트를 탈출하는 계획을 세웁니다. "잠깐 나일강에 시찰을 다녀오겠다"고 하면서 이집트를 탈출해 본국에 돌아와서도 원정에 실패했다는 것을 철저히 숨겼죠.

물론 이집트에 남아있던 병사들은 나폴레옹에 대한 배신감을 느꼈겠지만, 그들에겐 힘이 없었습니다. 남아있던 지휘관은 이집트 토착 세력들에게 암살당하고, 군사들은 영국군과 싸우다가 패배하고 말았습니다. 결국 2년간의 전투 끝에, 지휘관이 없는 1만 5천여 명의 프랑스군은 항복하고 맙니다.

자기미화에 능한 황제

이집트 원정에서 도망 나온 지 한 달이 됐을 때, 프랑스에서는 혁명 정부가 힘을 가지고 있었으나 체제가 완전히 자리 잡히지 않아 혼란스러운 상황이 계속되고 있었습니다.

당시 권력자 중에는 에마뉘엘 조제프 시에예스(Emmanuel Joseph Sieyès)라는 인물이 있었는데, 그는 혼란스러운 상황을 잠재울 확실한 리더십이 필요하다고 판단해 나폴레옹을 '개혁의 칼'로 쓰려고 계획했습니다. 나폴레옹은 군대를 성공적으로 지휘하며 시민들에게도 큰 인기를 끌었던 인물이었으니까요. 나폴레옹 입장에서도 아프리카까지 가서 대원정을 했는데 잘 풀리지 않았으니 차라리 쿠데타가 반가울 수도 있었겠죠.

그렇게 '18일의 쿠데타'가 일어나게 됩니다. 계획은 시에예스가 했지만, 나폴레옹 주도하에 진행이 되니 쿠데타 후에 나폴레옹이 '제1통령'으로 임명되면서 최고 권력자 자리에 오르게 되죠.

권력을 잡은 후 나폴레옹은 언론을 이용하기 시작합니다. 군 보고서뿐 아니라 성명서, 통신문, 병영 소식과 같은 글을 언론 지면에 실었는데, 여기에 '나, 나폴레옹은…'과 같은 일인칭 주어와, 화려한 수사, 애국 충정의 호소력, 무용담 등을 활용하면서 자신을 프랑스의 구세주로 부각시켰습니다. 판화, 회화(繪畫), 메달, 훈장에 이르기까지 활용 가능한 모든 매체를 동원해 자기선전에 열을 올렸죠. 나폴레옹이 게재했던 글 하나를 읽어보겠습니다.

" 보나파르트는 번개처럼 날아올랐고, 벼락처럼 내리치며, 그의 행동은 민첩하면서도 정확하고 신중하다. 그는 어디에나 있고 모든 것을 본다. 그는 위대한 국민의 사자다.

(중략)

나폴레옹의 엄청난 체력은 경탄을 자아낼 뿐이다. 그는 하루 18시간을 일한다. 그는 한 가지 일에 집중하고 나서 다음을 검토하는 데 조금도 지친 기색이 없다. 타고난 집중력은 어떤 일을 다루든 더 멀리 보게 해준다."

나폴레옹이 자기미화와 자화자찬에 스스럼없었다는 점을 감안하고 <알프스를 건너는 나폴레옹>을 다시 보면, 이 또한 스스로를 과하게 포장했다는 것이 보입니다. 바위 위에 자신의 이름을 가장 크게 그려놓고 그 밑으로 한니발(Hannibal), 샤를마뉴(Charlemagne) 대제 등 과거 알프스를 넘었던 역사적인 영웅들을 나란히 새겨놓으면서 자신과 그들을 동격화하려 했다는 걸 알수 있죠.

또 이집트 원정 당시 병사들이 풍토병에 시달렸는데, 페스트에 대한 공포가 확산되면서 프랑스군의 사기가 곤두박질친 적이 있었습니다. 이때 나폴레옹은 참모진과 함께 야전병원을 방문해 부상당한 병사들을 위로했고, 이 장면을 작가 앙투안 장 그로(Antoine-Jean Gros)가 <자파의 페스트 환자를 방문하는 나폴레옹>이라는 제목으로 캔버스에 담았죠. 그런데 앞서 이야기했듯, 이집트 원정 당시 나폴레옹은 도망을 나왔기 때문에 이때 병원을 실제로 방문했는지에 대한 논란이 있습니다. 프로파간다(Propaganda[어떤 것의 존재나 효능 또는 주장 따위를 남에게 설명하여 동의를 구하는 일이나 활동]) 차원에서 그린 그림이라는 설도 있고, 나폴레옹이 병자들을 아편으로 안락사시키라는 명령을 내렸다는 설까지 전해집니다.

나폴레옹은 1804년 7월 국민투표를 통해 황제로 추대되면서 노트르담대성당에서 대관식을 치르게 됩니다. 일반적인 대관식은 왕이 무릎을 꿇고 앉아있으면 성직자가 왕관을 씌워주는 형식이었는데, 나폴레옹은 본인이 왕관을 받아서 썼습니다. 이것은 황권이 교황에게 종속된 것이 아니라 스스로 황제가 된 자신에게 있으며 그만큼 위대한 인물이라는 자기과시가 담겨있는 것이라고 볼 수 있죠.

자크루이 다비드의 <나폴레옹 1세의 대관식>이라는 작품을 보면, 그림 정면 가운데 의자에 앉아있는 여인이 보입니다. 바로 그의 어머니인 레티치

아 라몰리노(Leti′zia Ramoli′no)인데요, 사실 그의 어머니는 대관식에 참여하지 않았다고 합니다. 여기에는 두 가지 이유가 있었다고 하는데요, 하나는 나폴레옹의 형제 2명이 나폴레옹과 사이가 좋지 않아서 대관식에 초대받지 못했는데, 그에 대한 불만으로 로마로 가버렸다는 설. 또 하나는 레티치아가 '나폴레옹의 아내 조세핀을 매우 싫어해서'라는 이유가 있었다고 합니다. 하지만 그림 속 레티치아는 아들이 며느리에게 왕관을 내리는 모습을 흐뭇하게 바라보고 있죠.

죽는 날까지 잊지 못한 여인

나폴레옹이 가장 사랑하고 집착했던 여인. 전 세계를 정복했지만 유일하게 정복하지 못했던 사람으로 꼽히는 조세핀은, 어떤 여인이었을까요?

조세핀은 나폴레옹보다 6살 연상에 아이도 이미 2명이 있는 상태였습니다. 전남편은 프랑스혁명으로 처형당했죠. 외모가 두드러지게 예쁘진 않았지만 당대에 귀족들이 한 번쯤 사랑을 나누고 싶은 여자로 꼽을 정도로 성적 매력이 상당한 인물이었다고 합니다. 특히 계산적이고 약삭빨라서, 자신의 성적 매력을 극대화해 부유한 귀족들을 유혹한 뒤, 그들의 정부가 돼 사치스러운 생활을 즐겼습니다.

나폴레옹이 파리에서 명성을 떨치기 시작할 무렵, 그는 길에서 조세핀을 우연히 만나 서로 농담을 주고받다가 동침을 하게 됐고, 그 인연으로 결혼까지 했습니다. 아이가 있는 과부라는 점과 사치스럽다는 점을 이유로 나폴레

나폴레옹이 사랑한 여인,
조세핀

옹 집안에서는 둘의 결혼을 극구 반대했지만, 그럼에도 나폴레옹은 조세핀을
놓지 못합니다. 나폴레옹은 평생 7만 5천 통에 달하는 편지를 썼다고 하는데,
대부분이 조세핀에게 보낸 거라고 하네요. 그 편지의 일부를 읽어보겠습니다.

"아침 7시, 나는 온통 당신 생각으로 잠에서 깼소.
지난밤의 황홀했던 기억에 나의 오감은 아직도 쉬지 못하오.
누구와도 견줄 수 없는 사랑스러운 조세핀.
당신의 입술과 당신의 가슴에서 일어난 불길이 나를 태워버렸소.
천 번의 키스를 보내오. 그렇지만 내게는 당신의 키스를 보내지 마시오.
내 피를 불사를 테니.

(중략)

아! 오늘 저녁에 그대 편지를 받지 못한다면, 난 절망에 빠질 거요.
내 생각을 좀 해주오. 그렇지 않거든 나를 사랑하지 않는다고 말해서
나를 경멸하시오. 그러면 어느 정도 마음의 평화를 찾을 거요."

나폴레옹의 뜨겁고 끈질긴 구애에 반해, 조세핀의 반응은 뜨뜨미지근했습니다. 나폴레옹이 이탈리아 원정 때 조세핀에게 와달라고 편지를 보냈지만 조세핀은 봉투를 열어보지도 않았죠. 급기야 조세핀이 더 이상 편지에 답장을 하지 않자, 나폴레옹이 이런 편지를 쓰기도 했습니다.

> "나는 더 이상 당신을 사랑하지 않소. 아니 이제는 당신을 혐오하오."

심지어 나폴레옹이 원정에 가 있었을 때 조세핀은 바람도 피웠는데요, 상대가 당시 기병 대위였던 이폴리트 샤를(Hippolyte Charles)이라는 인물이었습니다. 나폴레옹은 이미 두 사람의 관계를 눈치채고 있었는데, 샤를은 키가 157cm에 추남이었습니다. 나폴레옹은 자신의 경쟁 상대가 그런 남자라 더 분노했다고 하네요.

자신을 사랑하지도 않는, 바람기 많은 여인을 끝내 놓지 못했던 이유로, 후대 학자들은 '마더 콤플렉스(Mother Complex[어머니와의 경험에 따라 이성관이 형성되는 심리])'를 들기도 합니다.

나폴레옹의 어머니도 나폴레옹의 후원자였던 코르시카 총독과 바람이 났지만, 사치스러운 아버지는 그것을 알면서도 계속 후원을 받았죠. 그걸 지켜본 나폴레옹은 여성에 대한 이중적인 감정이 섞인 채 성장한 겁니다. 첫사랑이었던 데지레(Désirée Clary)와의 결혼 약속을 무르면서까지 조세핀을 선택한 건, 부정(不貞)한 어머니의 모습과 사랑받고 싶은 나폴레옹의 무의식이 작용했기 때문이라는 말도 있습니다. 어머니와 닮은 조세핀에게 사랑받고 싶었다는 것이죠.

한 여자에게 온 열정과 사랑을 쏟았던 나폴레옹과 달리 조세핀은 복잡한 남자관계와 사치로 끊임없는 갈등을 불러일으켰습니다. 그럼에도 불구하고 나폴레옹은 조세핀을 위해 대저택인 말메종 성을 선물해 주었죠. 이곳은 조세핀의 거처인 동시에 나폴레옹의 휴식 공간이기도 했습니다.

이렇게 나폴레옹은 아내를 위해 최선을 다했지만 조세핀의 사치는 여전했습니다. 한 해 드레스만 900벌을 바꿔 입고, 정기적으로 보석을 사들이며, 장갑 1천 켤레, 모자도 한 달에 38개를 구입했습니다. 빚이 120만 프랑(현재 가치 약 60억)이었다고 하니, 아무리 사랑으로 이해하려고 해도 지칠 수밖에 없는 사치였죠. 게다가 조세핀과의 사이에서 아이가 생기지 않자, 결국 1809년, 둘은 이혼하게 됩니다. 나폴레옹은 조세핀에게 말메종 성을 비롯한 모든 보물과 수집품을 넘겨주었습니다.

나폴레옹이 조세핀에게 선물한 말메종 성

조세핀의 침실

조세핀은 이곳에서 1814년까지 살다가 숨을 거두었다고 전해집니다. 이후 나폴레옹은 오스트리아의 황녀 마리 루이즈(Marie Louise)와 재혼해 후계자를 얻을 수 있었지만, 죽는 날까지 조세핀을 잊지 못했다고 하네요.

나폴레옹의 몰락

불패 신화를 쓰며 프랑스 역사에 이름을 남기고, 한 여자를 뜨겁게 사랑하며 불꽃 같은 인생을 산 나폴레옹. 그의 말년은 어땠을까요?

황제가 된 후 유럽 정복에 나서며 기세를 떨치던 나폴레옹은 러시아 원정에서 참패를 겪으며 이탈리아 엘바섬(Isola d'Elba)으로 유배를 가게 됩니다. 하지만 곧 유배 10개월 만에 민중의 염원에 힘 입어 파리로 복귀할 수 있었고, 다시 유럽 전쟁을 이끌며 승세를 이어갑니다. 하지만 곧 워털루(Waterloo) 전투에서 패배하며 나폴레옹의 백일천하는 막을 내리죠.

워털루 전투에서 패배한 나폴레옹은 영국의 외딴섬인 세인트헬레나(Saint Helena)로 유배되는데 그곳에서의 생활도 녹록지 않았습니다. 쥐가 들끓고 이질이 창궐한 곳이었죠.

하지만 환경보다 더 참을 수 없었던 건 괴롭힘이었습니다. 영국 총독부에 있던 허드슨 로(Hudson Lowe)라는 사람의 괴롭힘이 가장 심했는데, 그는 나폴레옹에게 "보나파르트 장군, 오합지졸의 지휘관 놈" 등의 욕을 하면서 썩은 포도주에 침을 뱉어서 주고, 나폴레옹이 이를 마시지 않으면 얼굴에 붓기도 했습니다. 또 심심하면 손바닥으로 나폴레옹의 뒤통수를 때리기도 하며, 책을 읽고 있으면 보는 앞에서 갈가리 찢어버렸습니다.

심한 가혹 행위 때문인지 나폴레옹은 병세는 점점 악화됐습니다. 두통, 기침, 메스꺼움, 오한 등 온갖 통증을 다 겪었는데, 나폴레옹이 병상에 눕자 허드슨 로는 그마저도 치료받지 못하도록 주치의를 강제로 돌려보냈죠. 나폴레옹의 몸은 회복이 불가능할 정도로 위독해졌고, 1821년 공식적인 사인인 위암으로 사망하게 됩니다.

" 오후 11시 30분 황제는 매우 많은 변을 배출했다. 그러나 이 물질은 대량 위 출혈의 결과였다.
이튿날 나폴레옹은 4차례 더 많은 변을 보았고 8차례나 연속해서 기절하기도 했다.
오후 8시 황제는 5번째로 배설했다. 격렬한 출혈을 초래했다.
이후 5월 5일 오전 2시 황제는 마지막 말을 했다.
프랑스, 군대, 군대의 수장, 조세핀. "

나폴레옹이 실권한 뒤, 그의 그림과 관련 물건들이 많이 폐기됐는데, 대중들은 오히려 나폴레옹의 메달을 기념품처럼 만들어서 집집이 팔았다고 합니다. 마치 요즘 연예인이나 운동선수들의 팬들이 굿즈(Goods)를 만들어서 파는 것처럼 말이죠. 그만큼 프랑스 시민들에게는 신화적인 존재였던 게 분명한 것 같습니다.

다시 보는 나폴레옹,
불가능을 꿈꿨던 인물

> "죽음은 아무것도 아니다. 그러나 패배자로서 영광 없이 사는 것, 그것은 매일
> 죽는 것이나 다름없다."

나폴레옹이 말한 것처럼 그는 패배를 받아들일 줄 모르는, 불가능을 꿈꿨던 재능 있는 비범한 인물이었습니다.

프랑스혁명 후, 위기에 놓인 자국을 지켜냈다는 점에서는 영웅으로 칭송받을만 하지만, 그 영웅심으로 인해 숱한 민간인과 군인들이 희생됐다는 점을 생각하면 그의 과업을 모두 긍정적으로만 평가할 수는 없습니다.

어린 시절의 콤플렉스를 안고 성장해 그 약점을 드러내면서 늘 출세의 기회를 노렸고, 때론 과장하고 억지를 부리기도 하는 등의 부정적인 평가도 있지만, 불우한 상황 속에서 미래를 위해 참고 노력했던 모습은 후대에도 배울 만한 점인 것 같습니다.

나폴레옹은 늘 노력했고, 준비돼 있던 사람이었습니다. 그렇기 때문에 기회를 잡을 수 있었죠. 가난을 극복해 최고의 권좌까지 오른 불세출의 영웅이면서, 그 이면엔 나약하고 사랑에 목을 매는 우리 같은 평범한 인간이 아니었

을까 싶기도 하네요.

그가 마지막으로 남긴 말이 인상적입니다.

"나의 실패와 몰락에 대하여 책망할 사람은 나 자신밖에 없다. 내가 나 자신의
최대의 적이며 비참한 운명의 원인이었다."

어쩌면 그는 영웅이 되고자 했던 욕망의 끝이 무엇인지 알고 있었던 것인
지도 모르겠네요.

7

달에 간 최초이자 영원한 우주인,
닐 암스트롱

#퍼스트맨 #아폴로11호 #우주전쟁 #한국과의_인연
#아폴로계획 #최초의_달_착륙 #죽음도_각오한_비행 #우주비행사로서의_사명

Neil Alden Armstrong

(1930.8.5.~2012.8.25.)

'닐 암스트롱(Neil Armstrong)' 하면 '달을 밟은 최초의 인간'이라는 수식어가 먼저 떠오르죠. 닐 암스트롱과 2명의 우주비행사를 태운 아폴로 11호가 이륙하는 장면을 TV로 본 분들도 있을 겁니다. 이후에는 위인전에도 등장하고, 2008년에 이소연 박사가 우리나라 최초의 우주비행사로 우주정거장에 다녀오면서 다시 한번 입에 오르내리게 됐죠. 이름이 낯선 세대에게는 2018년에 개봉한 영화 <퍼스트 맨>으로 알게 됐을지도 모르겠습니다.

달에 착륙한 우주선에서 내려 최초로 달 표면을 밟은 사람 '퍼스트 맨'. 그는 어떻게 달을 밟은 최초의 인물이 될 수 있었는지, '아는 사람 암스트롱'의 이야기부터 만나보겠습니다.

암스트롱

🗔 다누리호 발사

2022년 6월 21일, 나로우주센터에서 누리호 2차 발사가 성공한 데 이어 2023년 5월 25일 3차 발사에도 성공했습니다. 순수 국내 기술만으로 발사에 성공한, 역사적인 순간이었습니다.

그리고 2022년 8월 5일, 한국형 달궤도선 '다누리'가 미국 공군기지 스페이스X의 팰컨9 로켓에 실려 달로 힘차게 나아갔습니다. 12월 26일에는 다누리가 달 임무 궤도인 100km에 도달하는 데 성공하면서 우리나라는 미국, 러시아, 유럽연합, 일본, 중국, 인도에 이은 7번째 달 탐사국이 됐습니다. 이제 우리나라도 우주비행사가 달에 다녀올 수 있는 날이 곧 오지 않을까 싶네요.

한국형 달궤도선 다누리

냉전 속 우주 전쟁, 미국의 승리

1950~1960년대는 미국과 소련의 냉전시대였습니다. 미국은 정치, 군사, 스포츠 등 거의 모든 분야에서 소련과 경쟁을 벌였고, 우주개발도 예외가 아니었죠. 특히 이전까지 미국은 과학기술 분야가 소련보다 우월하다고 믿었는데, 1957년 소련이 세계 최초의 인공위성 '스푸트니크 1호' 발사에 성공하면서 충격에 빠지게 됩니다. 이 사건을 '스푸트니크 쇼크'라고 하죠.

그로부터 1년 후, 미국은 나사(NASA)를 창설하고 항공우주 분야에 대규모 투자를 시작했습니다. 비군사적 우주개발은 물론, 항공우주 비행체를 이용한 과학적 측정과 활동 기획·지도·실시 등 종합적인 우주 계획을 추진하는 임무를 담당했죠.

하지만 1961년 미국이 우주개발에 열중하던 사이, 소련이 인간을 우주에 보내는 데 성공했다는 소식을 전합니다. 보스토크 1호를 타고 우주에 간 유리 가가린(Yurii Gagarin)이 인류 최초로 지구궤도를 도는 우주비행에 성공한 겁니다.

소련의 연이은 우주개발 성공 소식에 미국은 더 마음이 급해졌습니다. 우주 전쟁에서 승리하려면 지금까지 소련이 이룬 업적과 차원이 다른 한 방이 필요하다고 판단했죠. 그래서 나온 아이디어가 바로 '달'에 가자는 것이었습니다. 밤하늘을 올려다보면 매일 보이는 천체인 달에 사람이 걸어 다니게 하는, 꿈만 같은 일을 실현하려는 계획이었죠. 그래서 1961년 5월, 존 F. 케네디(John F. Kennedy) 대통령은 역사적인 연설을 합니다.

> **"우리는 달에 가기로 결정했습니다. 우리는 향후 10년 이내에 달에 가서 새로운 일을 하게 될 것입니다. 그건 이 일이 쉽기 때문이 아니라 어렵기 때문입니다."**

　대통령의 선언 이후 나사의 달 프로젝트에 불이 붙으면서 정부는 인간을 달에 보내는 계획에 천문학적인 예산을 투입했습니다. 그 규모가 얼마나 대단했는지, 당시 한국에는 500원짜리 지폐가 있었는데, 그 예산을 한국 지폐로 바꾸면 500원짜리 지폐를 깔아서 달까지 갈 수 있을 정도였다고 하네요. 그것도 편도로 5번이나 말이죠.

　과감한 투자는 곧 결실로 이어졌습니다. 유리 가가린이 지구로 돌아온 지 한 달 뒤, 미국은 앨런 셰퍼드(Alan Shepard)라는 우주비행사를 지구궤도로 보내는 데 성공했습니다. 하지만 그 뒤로도 소련이 우주개발에 성과를 올리면서 다시 바짝 치고 올라왔죠.

　그리고 1966년 3월, 닐 암스트롱이 우주비행사로서 두각을 나타내기 시작했습니다. '제미니 8호'의 선장이 돼 첫 우주비행을 시작한 것이죠. 마침내 1969년 7월 16일, 닐 암스트롱은 두 비행사들과 함께 달에 가는 데 성공했습니다. 보란 듯이 달에 성조기를 꽂으며 우주 경쟁의 마침표를 찍었죠.

　우리나라도 크게 열광했습니다. 당시 한 신문은 총 4면을 발행했는데, 발사 하루 전부터 아폴로 11호가 귀환한 날까지 거의 대부분의 지면을 달 탐사 기사로 가득 채웠습니다.

　서울의 남산 야외 음악당에 사람들이 모여서 구경할 수 있도록 대형 스크린을 설치했는데, 발사 시각인 밤 10시 32분에 약 5만 명의 인파가 몰렸습니다. TV가 사치품이던 시절이었음에도 불구하고 TV 매출이 급증했다고 하니, 당시 아폴로 11호 발사가 얼마나 큰 화젯거리였는지 알 수 있겠죠. 서울의 한

백화점 육교에서 달 착륙 장면
생중계를 보는 시민들

백화점에는 진열장에 TV를 설치해 행인들이 중계를 볼 수 있도록 했더니 육교 위에 계단까지 사람들이 몰려 거리가 마비될 지경이었습니다.

이후 '아폴로'는 세계에서 가장 유명한 단어가 돼 여기저기에 붙여 사용됐습니다. 달 착륙 시기와 겹쳐서 발생한 눈병에는 '아폴로눈병'이라는 이름이, 달 착륙 장면을 동시통역한 한국인 최초의 나사 연구원 조경철 박사에는 '아폴로박사'라는 별명이 붙었죠. 60년대부터 90년대까지 어린이들 사이에서 엄청난 인기를 모았던 추억의 과자 '아폴로'도 바로 이때 등장했습니다.

아폴로 11호 발사 중계는 우리나라뿐만 아니라 인류 역사상 가장 높은 시청률을 기록한 전대미문의 방송으로 꼽힌다고 하네요.

🗐 한국과의 인연

뜻밖에도 암스트롱은 우리나라와도 인연이 있습니다. 2번이나 방한했는데요, 첫 번째 방문은 달 착륙 후인 1969년 11월, 아폴로 11호의 우주인들과 한국을 찾아 카퍼레이드를 하고 대통령을 예방하는 등의 일정으로 방문을 마쳤고, 1971년에는 미국 평화 봉사단 자문 위원장 자격으로 방한하기도 했습니다. 이후 40년 뒤인 2011년, 9.28 서울 수복 기념식에 그의 방한이 논의됐지만 건강상의 이유로 무산됐죠.

그런데 이게 다가 아닙니다. 사실 암스트롱과 우리나라와의 인연은 1969년보다 앞선 한국전쟁 때 시작됐는데요, 당시 미 해군에서 전투기 조종사로 복무 중이던 암스트롱이 제트기 조종사로 차출돼 한국전쟁에 참전하게 된 겁니다. 그는 해군 조종사로서 우수한 실력을 갖춘 능력 있는 군인이었죠.

전장에 투입된 암스트롱은 북한 지역의 형세를 살피는 정찰기를 호위하거나, 폭탄을 투하해 군사시설 등을 파괴하는 등의 임무를 맡았는데, 무려 78차례 전투기를 출격하는 등의 활약을 보였습니다. 전투기가 대공포에 맞으면서 낙하산으로 가까스로 탈출해 해군 헬기에 의해 구조되는 등 서울 수복에 큰 공을 세워 3개의 훈장을 받기도 했습니다.

암스트롱의
'모르는 이야기'

🗨 자동차 면허보다 먼저 딴 '비행기 면허'

암스트롱은 어릴 때부터 비행기를 좋아했습니다. 초등학교 때부터 비행기 설계자가 되고 싶어서 8살 때부터 모형 비행기를 만들었고, 15살 때부터는 아르바이트로 돈을 모아 비행훈련을 받을 정도였죠. 심지어 자동차 운전 면허증보다 비행기 조종 면허증을 먼저 땄는데, 16번째 생일 때는 '학생 비행기 조종사 면허증'을 따서 처음으로 단독 비행을 했고, 대학에 진학해서는 항공공학을 선택해 장학금을 받기 위해 해군에 복무했습니다. 그러다 해군에서 전투기 조종사가 돼 한국전쟁에 참전했죠.

전투기 조종사로 복무한 이후, 암스트롱은 미국 항공 자문위원회에 들어가 '테스트 파일럿'이 됐습니다. 테스트 파일럿이란, 미완성된 비행기를 극한의 상황에서 조종하면서 안전성을 시험하는 파일럿인데, 말 그대로 안전이 보장된 비행이 아니니 위험할 수밖에 없는 일이었습니다. 조종 실력은 기본이었고, 위기 상황에 능숙하게 대처하는 능력까지 요구되는 어려운 임무였죠. 암스트롱은 이 테스트 파일럿으로 일하던 중에 나사에서 우주비행사를 뽑는 공고를 보고 지원한 뒤 합격했습니다.

🗨 '침착'과 '겸손'으로 맺은 결실

암스트롱은 아폴로 11호에 탑승하기 전, 제미니 8호를 타고 우주비행을 한 적이 있습니다. 제미니계획은 달 착륙에 필요한 기술을 개발하고 습득하는 2인승 우주선 발사 계획이었는데, 이때 암스트롱의 임무는 지구궤도에서 무인 우주선과 결합하는 '도킹(Docking[인공위성, 우주선 따위가 우주 공간에서 서로 결합하는 것])'이었습니다. 그런데 도킹에 성공한 지 약 35분 만에 제미니호가 갑자기 회전하는 문제가 발생했습니다. 무려 초당 296도를 회전했다고 하니 조종이 어려운 건 둘째 치고 목숨마저 위태로운 상황이었죠. 그럼에도 불구하고 암스트롱은 침착하게 대응했습니다. 회전이 계속되면 두 우주선이 충돌할 수 있다고 판단했고, 곧바로 문제해결에 나선 겁니다. 역추진 로켓을 점화해서 도킹된 우주선을 분리한 뒤에 회전하던 우주선을 안정시키고, 무사히 태평양으로 내려왔죠. 이때 그가 보여준 위기 대처 능력이 높이 평가돼 아폴로 11호에 탑승할 비행사로 선발되는 데 큰 영향을 끼쳤습니다.

또 한번은 이런 일도 있었습니다. 지구에서 비행기로 착륙 훈련을 하던 어느 날, 고도 30m에서 착륙을 시도하던 중 갑자기 비행기를 제어할 수 없게 된 상황에 처한 겁니다. 하지만 이때도 그는 당황하지 않고 고도 15m로 내려왔을 때 탈출에 성공했고, 탈출 직후 비행기는 그대로 추락해 폭발해 버렸습니다. 암스트롱은 먼 풀밭에 낙하한 덕에 불길을 피할 수 있었죠.

폭발한 비행기와
탈출한 암스트롱

위기의 상황에서 간신히 목숨을 구한 것도 놀라운데, 더 놀라운 것은 그 이후에 그가 한 행동이었습니다. 사고 직후 그는 사무실로 돌아와 책상에 앉아 업무를 시작했습니다. 목숨을 앗아갈 뻔한 비행기가 창밖에서 불타고 있는 와중에 서류 정리를 한 것이죠. 동료들은 1시간 전에 죽을 뻔하지 않았냐며 그의 행동에 믿을 수 없다는 반응을 보였지만, 암스트롱은 덤덤한 모습을 보였습니다.

이렇게 침착성과 위기 대처 능력, 강인한 정신력까지 갖춘 암스트롱은 곧 아폴로 11호의 선장이 됐습니다.

📄 최초로 달을 밟은 인간은 누구?

아폴로계획에는 각각 3명씩 A팀과 B팀이 있어 팀 구성원 중 1명이라도 문제가 생기면 팀 전체를 교체하는 시스템으로 이루어졌습니다. 아폴로 11호에는 선장인 닐 암스트롱과 사령선 조종사 마이클 콜린스(Michael Collin), 그

아폴로 11에 탑승한 우주비행사들.
(왼쪽부터)암스트롱, 콜린스, 올드린

리고 착륙선 조종사 버즈 올드린(Buzz Aldrin) 이렇게 3명이 탑승했습니다.

아폴로 11호는 '사령선'과 '착륙선'으로 이루어졌는데, 역할은 이렇습니다. 착륙선에 탄 2명은 달에 내리고, 사령선에 탄 1명은 달궤도에서 기다리다가 착륙선과 도킹 후 다시 지구로 귀환해야 하는 것. 암스트롱과 올드린이 착륙선에, 콜린스가 사령선에 올랐습니다. 3명 중 우주비행 경험이 가장 많은 마이클은 사령선의 조종사로 뽑혔는데 자신의 발탁 소식을 듣자 기뻐하면서도 한편으로는 슬퍼했다고 합니다. 이유는 달에 내리지 못한다는 것 때문이었죠. 실제로 암스트롱과 올드린이 달 표면에 탐사를 진행하는 동안 마이클은 달에 내리지 못하고 사령선에서 무려 21시간 30분 동안 홀로 일해야 했습니다. 한 번은 궤도 선회 중에 지구와의 교신이 끊겼는데, 그때 이런 말을 남겼습니다.

"나는 지금 지구에서 가장 멀리 떨어져 있는 사람이다. 이곳에 무엇이 있는지 신과 나만이 안다."

한편 착륙선에 탄 올드린은 최초로 달을 밟는 인간으로 예정돼 있었습니다. 올드린 또한 자신이 달을 처음으로 밟을 사람, '퍼스트 맨'이 될 것이라 믿었고, 그렇게 되고 싶어 했습니다. 그런데 어쩌다가 올드린이 아닌 암스트롱이 퍼스트 맨이 됐을까요?

여기에는 두 가지 이유가 있었다고 전해집니다. 첫 번째는 공학적인 이유였는데, 달착륙선 조종석에서 두 비행사의 위치를 바탕으로 우주선에서 나갈 순서가 정해졌다는 이야기입니다. 여러 번의 시뮬레이션 결과, 입구 쪽에 앉은 암스트롱이 먼저 밖으로 나가는 게 안전할 거라고 전문가들이 결론을 내렸기 때문이죠.

두 번째 이유는 정치적인 사항 때문이었습니다. 버즈 올드린은 명성을 좇는 사람이라 대중에 주목받는 것에 마음에 뺏길 거라 생각했습니다. 나사에서는 그 반대의 성향인 암스트롱이 적임자라고 판단했죠.

그렇다면 실제로 암스트롱은 어땠을까요? 암스트롱은 누가 달을 처음으로 밟느냐는 문제에 전혀 관심이 없었고, 오히려 사람들이 왜 그 문제에 관심을 보이는지 이상하게 여기며, 시뮬레이션 결과에 따라 결정하면 된다고 생각했다고 합니다. 또 달 착륙에 성공할 수 있었던 것은 40만 명의 팀워크 덕분이었다면서 멤버들에게 공을 돌리기도 했죠.

본인이 퍼스트 맨이 된 것은 우연히 주어진 행운에 가깝다고 항상 말하면서 자신이 해낸 역할에 대해 떠벌리거나, 돈벌이 수단으로 삼지도 않았습니다. 암스트롱은 큰돈을 벌 기회를 마다하고 기업에 자문 정도만 해주면서 격조를 지킨 사람이라는 평가를 받습니다.

아폴로계획 진행 시 '달 착륙'이라는 미션 성공보다 중요했던 것은 우주선에 탑승한 우주비행사들이 지구에 살아서 돌아오는 것이었습니다. 연료를 남긴 상태로 착륙해야 다시 지구로 무사히 돌아올 수 있었죠.

그런데 아폴로 11호가 달에 착륙하기까지 예상보다 긴 시간이 걸렸습니다. 연료를 예상보다 더 많이 썼다는 의미죠. 상황은 최악으로 치달아 결국 연료가 떨어져 달에 충돌할 가능성이 생겼습니다. 심지어 자동으로 우주선을 조종해 주던 기계까지 고장이 났죠. 연료가 다 떨어지기 전에 착륙하지 못하면 3명 모두 사망하는 비상 상황에서 암스트롱은 우주선을 직접 조종했습니다. 그리고 "The eagle has landed(독수리가 착륙했다)"라는 말과 함께 우주선은 '고요의 바다(달의 표면에 있는 달의 바다)'에 무사히 착륙했습니다. 천하의 암스트롱도 이 절체절명의 위기 상황에서는 심장이 요동쳤다고 하네요.

달 표면을 걷는
아폴로 11호팀

미국이 콜롬비아에 선물한
달 표본과 국기

　달에 도착한 두 사람에게 주어진 미션은 달 표면을 약 2시간 30분간 걸어
다니면서 성조기를 꽂고, 관측기를 설치하는 것이었습니다. 두 사람은 달에서
21.5kg의 암석과 토양, 먼지를 수집해 두 상자에 담아 가져왔습니다. 가져온
암석과 토양의 일부는 우주 연구에 쓰였고, 일부는 닉슨(Richard Nixon) 대통
령의 지시로 각국에 기념 선물로 보낼 표본 액자 250개를 만들었습니다. 미
국이 소련보다 우월함을 보여주는 확실한 징표였던 것이죠. 우리나라도 미국
으로부터 이 표본 액자를 선물로 받았습니다.

　암스트롱의 이야기는 달의 표면을 걷는 사진을 통해 알려졌죠. 그런데 이
사진에 찍힌 사람은 올드린과 암스트롱 중 누구일까요?

　암스트롱이라고 알고 있는 사람들이 많은데, 사실 암스트롱이 달에서 찍

힌 사진은 거의 없습니다. 올드린의 헬멧에 반사된 사진이나 그림자 사진, 우주선에서 내리는 뒷모습 말고는 찍히지 않았죠. 우리가 잘 아는, 달 위에서 우주복을 입은 채 서있는 사진의 주인공은 전부 올드린입니다.

둘의 사이가 나빠서 올드린이 사진을 찍어주지 않았다는 소문도 있었지만, 수행할 임무는 많은데 제한 시간이 2시간 반뿐이니 사진을 찍기에는 시간이 빠듯했을 거라는 의견이 지배적입니다. 올드린은 암스트롱의 사진을 미처 찍지 못한 것이 본인의 실수라고 인정했습니다.

하지만 암스트롱은 자신의 사진이 없는 것을 전혀 개의치 않았습니다. 사람들 사이에서는 암스트롱과 올드린 사이에 갈등이 컸을 거라는 이야기가 돌았지만, 사실 우주 프로젝트에서는 경쟁보다 팀워크가 중요하기에 갈등이 심하진 않았을 거라고 예측할 수 있습니다.

🗨 우주비행사로 산다는 것

우주비행사들이 받는 훈련은 혹독하기로 유명합니다. 무중력 상태를 체험하기 위해 물속이나, 낙하하는 비행기에서 훈련을 받죠. 그중에서도 '가속도 내성강화 훈련'은 많은 비행사들이 두려워하는 훈련으로 꼽힙니다.

조종사가 비행기 안에 있으면 가속도가 크게 작용하고, 조종사의 혈압이 급상승하다가 한계점에 다다르면 의식을 잃을 수도 있는데, 바로 이런 상황에 대비하기 위한 능력을 기르는 겁니다. 조종사들은 평상시의 중력보다 몇 배가 센 압력을 견뎌야 하는, 매우 고통스러운 과정을 거쳐야 하죠.

하지만 암스트롱은 이 가속도 내성 강화 훈련을 4일간 무려 8번이나 받았고, 총 5시간을 견뎠습니다. 'G'는 중력가속도를 측정하는 단위인데, 1G가 우리가 평소에 느끼는 지구 중력입니다. 대부분의 훈련자들은 4G~5G만 돼도 견디지 못하고 기절하죠. 하지만 암스트롱은 달에서 지구로 귀환할 때 최대로 받을 수 있는 중력가속도인 15G나 버텼다고 합니다. 또 우주선이 사막이나 바다에 떨어질 것을 대비해 사막, 정글, 바다 등 험지에서 생존하는 훈련도 받았습니다.

훈련은 실제 상황에 가까운 환경에서 이루어지기 때문에 우주비행사의 삶은 언제나 죽을 위험과 함께합니다. 인류 최초로 우주에 간 소련의 유리 가가린은 1968년에 비행훈련을 하던 중 34세의 나이로 사망했습니다. 1967년에는 아폴로 1호 훈련 도중 치명적인 화재가 발생해 비행사 3명이 숨졌고, 1986년에는 이륙하던 챌린저 우주왕복선이 폭발해 7명이, 2003년에는 우주에서 임무를 마치고 돌아오던 컬럼비아 우주왕복선이 폭발해 7명이 목숨을 잃고 말았습니다.

자신이 언제 죽을지도 모른다는 두려움 속에 우주비행사 본인은 물론, 그의 가족들도 우주비행을 나가는 그들을 배웅할 때마다 오늘이 마지막일 수 있다고 생각한다고 하네요. 매일 훈련을 하면서 본인이 죽을지도 모른다는 두려움도 크지만, 주변 동료의 죽음을 끊임없이 지켜봐야 하는 것도 힘들었을 것 같은데, 암스트롱은 어떻게 이를 극복하고 임무를 해낼 수 있었을까요? 그의 인터뷰 중에 답이 있었습니다.

> "저는 우주 계획에 참여할 수 있다는 사실만으로도 너무 기뻤습니다. 우주 계획은 미국뿐 아니라 인류 전체의 중요한 목표라고 생각합니다. 제가 그 계획에 참여해서 무슨 일이든 할 수 있다는 게 행복했습니다."

암스트롱은 우주 탐사에 대한 사명감이 강했는데, 우주에 대한 열정이 커서 사명감을 실현해 낼 수 있는 사람이었습니다. 인류에게 중요한 문제인 동시에 본인이 좋아하는 일이기 때문에 더욱 집중할 수 있었겠죠.

달에 남긴 딸의 이름

암스트롱은 고된 우주비행사 훈련을 묵묵히 잘 이겨냈지만 달에 가기 전, 그에게도 버티기 힘든 일이 있었습니다. 그에게는 캐런이라는 2살짜리 둘째 딸이 있었는데, 어느 날 그 딸이 놀이터에서 놀다가 넘어져 눈에 이상이 생긴 겁니다. 병원에 가니 뇌에 악성종양이 자라고 있다는 진단을 받았죠. 치료를 해봤지만 효과는 일시적이었고, 결국 6개월 뒤 캐런은 세상을 떠나고 말았습니다.

딸의 장례식장에서 그는 극도로 슬픔을 자제하는 모습을 보였지만, 며칠 뒤 출근을 시작해 비행을 떠나는 등 금세 일에 몰두했습니다. 이를 본 주변 사람들은 그가 슬픔을 잊으려고 일을 도피처로 삼은 것이라고 말했죠. 그의 여동생은, 암스트롱이 자신이 물려준 어떤 나쁜 유전자로 인해 딸이 그렇게 된 거라고 생각해 늘 죄책감에 시달렸다고 말했습니다. 그래서인지 딸이 죽은 후 작은 비행 사고를 몇 차례 내기도 했죠.

영화 <퍼스트 맨>을 보면 그가 달에서 딸의 팔찌를 꺼내 어둠 속으로 던지는 장면이 나옵니다. 비록 영화 속 재미를 위해 만들어 낸 이야기이지만, 딸을 향한 그의 진심을 느낄 수 있는 장면이죠. 실제로 암스트롱은 딸의 기념품을 우주에 남기는 대신 달에서 작은 크레이터(Crater[달 표면에 보이는 움푹 파인 큰 구덩이 모양의 지형])를 발견하고는 '머피의 크레이터'라는 이름을 붙였습니다. 머피는 죽은 딸의 애칭이었죠. 딸이 저 크레이터를 마치 미끄럼틀처럼 생각해 좋아했을 것 같다며, 딸 대신 본인이 직접 미끄러져 내려가 볼까 고민도 했다고 하네요. 물론 임무 수행을 위해 실행에 옮기진 않았지만 말이죠.

우주복을 벗은 이후

암스트롱은 지구로 귀환한 뒤 영웅이 됐지만, 대중 앞에 나서는 것을 꺼렸습니다. 달 탐사 이후에는 염세적으로 변했다는 말이 나올 정도였죠. 특히 사인 공세에 신경질적인 반응을 보였는데, 나사의 후배가 그에게 사인 요청을 하자 "난 사인 안 한다"며 뿌리쳤던 일화도 있습니다.

그런데 여기에는 그럴만한 이유가 있었습니다. 그의 사인이 경매에서 거액에 판매되면서 사기 행각까지 벌어졌기 때문이죠. 심지어 2004년에는 그의 머리카락 한 움큼이 무려 3,000달러에 거래되는 일까지 벌어졌는데, 알고 보니 그의 단골 이발사가 암스트롱 몰래 3차례나 그의 머리카락을 판 것으로 들통났습니다. 안 그래도 주목받는 것을 좋아하지 않는 성격인데 이런 식의 일들이 벌어지니 신경질적으로 변했을 만합니다.

1971년, 암스트롱은 나사에서 은퇴했습니다. 이후 대학에서 항공우주공학을 가르치는 교수로 지내면서 조용히 살았죠. 대중은 우주에서 겪은 무용담을 듣기를 원했지만 암스트롱은 달에서 매뉴얼대로 했을 뿐이라며 사람들이 떠올리는 우주비행에 과장이 많다고 답했습니다. 대중 앞에서 영웅 행세를 거부했던 암스트롱은 정치인이나 고액을 받는 연사로 변신한 다른 우주인들과는 다른 모습을 보였습니다.

유명세를 얻고자 하거나, 자신의 이야기를 자랑하듯 떠벌리는 사람은 아니었지만, 그래도 그는 사회적 발언이 필요할 때는 기꺼이 참여했습니다. 대중 앞에 서기도 하고 국가기관이 마련한 자리에 참석하기도 했죠. 그는 본인의 역할이 얼마나 상징적인지 잘 아는 사람이었습니다.

1986년 챌린저호 참사에 대한 조사위원으로 활동한 것이 대표적인데요, 챌린저호 참사는 발사된 지 73초 만에 공중폭발해 탑승한 우주비행사들이 전원 사망한 사건으로, 로켓과 연료 탱크 사이에 있던 고무 링에 문제가 발생해 일어난 사고였습니다. 이를 조사하고 원인을 밝히는 데 기여한 인물이 바로 암스트롱이었죠.

이륙 도중
공중에서 폭발한 챌린저호

그는 인기로 부를 쌓는 게 아니라, 대의가 있는 임무에만 묵묵하게 집중하는 성숙한 사람이 아니었을까요?

암스트롱이 사망하기 2년 전, 버락 오바마가 대통령이던 시절의 일화가 있습니다. 오바마 행정부가 우주왕복선 프로그램을 포기하겠다며 예산을 삭감해 버렸는데, 이에 암스트롱이 의회에 참석해 "우리의 꿈인 차세대 우주선 개발을 포기해선 안 된다"며 정부를 정면으로 비판한 겁니다. 그는 2008년 나사 50주년 기념행사 때 이런 말을 했습니다.

> "우리의 목표는 그저 더 빠르고, 높이, 멀리 가는 것이 아닙니다. 우리의 진정한 목표는 미래 세대를 위해 새로운 선택지를 개발하는 것입니다. 지구 너머의 지식과 탐험, 정착과 자원 개발에 대한 선택지 말입니다. 그러한 진전과 발전을 볼 수 있길 바라며 다시 만났을 때, 그에 대한 보고를 기다리겠습니다. 나사의 100주년 기념일에서 말이죠."

전 세계의 달 탐사 프로젝트

1972년 아폴로 17호를 끝으로 달 탐사는 한동안 종료됐습니다. 그리고 2023년, 우주탐사 경쟁에 다시 불이 붙었죠. 사람을 달에 보내려는 프로젝트도 다시 활발하게 준비 중인데 대표적인 것이 일론 머스크의 '스페이스X'입니다. 우주개발을 선도하면서 우주로 가는 비용을 저렴하게 만드는 데 초점을 맞추고 있죠. 2024년 10월에는 달 유인 착륙선에 사용될 스페이스X의 우주선 스타십이 5번째 지구궤도 시험비행에 성공하기도 했습니다.

암스트롱이 달에 가던 시기만 해도 국가가 천문학적인 돈을 전폭적으로 지원해야 우주에 발을 들일 수 있었는데, 약 50년이 지난 지금 스페이스X는 저렴한 비용으로 로켓을 개발하는 데 성공했습니다. 3억~5억 원이면 우주에 50분간 우주 체험이 가능하죠. 아직은 조금 비싼 금액이라는 생각이 들지만, 아폴로계획에 투입됐던 자금이 약 206.7조 원에 달했다는 것을 고려하면 우주 체험 비용이 획기적으로 값싸졌다는 것을 알 수 있죠.

그런데 왜, 한동안 잠잠했던 달에 대한 관심이 다시 뜨거워진 걸까요? 그건 바로, 달이 언젠가 화성에서 사용하게 될 기술의 시험대 역할을 하기 때문입니다.

현재 미국과 중국이 달 탐사 및 연구 기지 건설 경쟁을 벌이는 이유가 여기에 있습니다. 달의 중력은 지구의 1/4이기 때문에 지구에서보다 훨씬 저렴하게 로켓을 발사할 수 있다는 이점이 있기 때문이죠. 달에 우주 기지를 두고, 거기서 화성과 같은 다른 행성으로 이동하는 것이 조금 더 수월하다고 판단한 겁니다. 특히 스페이스X는 2031년 이후 달에 유인 기지를 건설한다는 목표를 내세운 '아르테미스계획'을 진행하고 있습니다.

또 달에 풍부한 광물자원이 매장돼 있다는 점도 달 탐사가 활발해진 이유

스페이스X의 팰컨 헤비
로켓 발사 실험 현장.
팰컨 헤비는 화성에 인간을
착륙시키기 위한 로켓이다.

입니다. 헬륨3, 희토류, 마그네슘, 실리콘, 티타늄 등이 있는데, 헬륨3은 현재 원자력발전의 동력인 핵분열보다 4.5배나 많은 에너지를 내는 핵융합 원료입니다. 1g만으로 석탄 40t에 맞먹는 에너지를 생산할 수 있으니 미래산업에 중요한 광물이라고 할 수 있죠. 희토류 역시 배터리 등 첨단산업의 재료로 쓰이는 희귀 원소입니다. 이러한 자원을 달에서 채굴해 오자는 아이디어도 있지만, 아직은 채굴하는 기술이 부족한 상황이라고 합니다. 이렇게 우주개발의 목표도 연구에서 그치지 않고 실용적으로 바뀌고 있죠.

그럼 우리나라의 달 탐사는 어디까지 왔을까요?

2000년대 중반 선진국들은 과학적인 목적으로 달탐사선을 발사하고 있었지만, 한국은 우주탐사의 불모지였습니다. 당시 한국은 주로 저궤도에 실용급 위성을 투입하는 데만 초점이 맞춰져 있었죠. 그러나 2012년 이후로 우리도 달에 가자는 이야기가 나왔고, 2016년부터 시험용 달궤도선 사업인 다누리호 개발이 시작됐습니다. 그리고 2022년 8월, 마침내 다누리가 스페이스X의 발사체에 실려 달로 날아올랐습니다. 다누리를 태운 로켓이 성공적으로 단 분리를 하자 개발자들은 환호성을 지르며 박수를 쳤죠. 같은 해 12월 28일, 다

힘차게 달궤도로 향하는
다누리호

누리는 최종목적지인 달궤도에 도착해 임무를 수행하고 있습니다.

다누리호는 다른 탐사선과 다르게 엄청난 기술이 뒷받침돼 만들어졌습니다. 달탐사선의 성공 확률은 약 60%라고 알려져 있는데, 이보다 더 희박한 확률을 성공시킨 것이죠. 다누리호를 개발하다 보니 계획했던 것보다 무거워지면서 연료 부족 문제가 생겼고, 처음 설계했던 궤적으로 갈 수 없게 됐습니다. 그 대안으로 '탄도형 달 전이궤도'인 'BLT[지구와 달, 태양의 중력을 달궤도에 진입하는 방식]'를 통해 달에 도달할 수 있었죠. 곧장 달로 가는 루트가 아닌 리본 모양의 곡선을 그리면서 먼 길을 돌아가는 루트인데, 연료가 부족해도 천체의 중력과 타이밍을 이용하면 무사히 달로 갈 수 있다는 장점이 있었습니다.

하지만 이 궤도로 달에 간 건 다누리를 제외하고 3번밖에 없었을 정도로 설계나 운영이 어려운 기술입니다. 달로 직행하는 경우 4일이 걸리지만 BLT 궤도로는 4개월이 걸리죠. 결국 이 4개월이라는 긴 여정을 치밀하게 계산해 성공시켰으니 한국도 이제 우주 강국 반열에 오른 것이라 할 수 있지 않을까요?

다누리호가 거친
BLT 궤도

다시 보는 암스트롱,
퍼스트 맨이 남긴 우주개발의 가능성

    달 착륙이 인류에 어떤 의미를 시사하는지에 대해 암스트롱은 이렇게 말했습니다.

> "역사가 이 임무를 어떻게 정의할지 한마디로 압축하기란 내게 주제넘은 일입니다. 하지만 이 일로 인해 우리 인류가 늘 봐오던 하늘보다 훨씬 광대한 우주의 중요한 일부라는 사실을 모두 깨닫게 되리라고 말하고 싶습니다.
> 지구가 어디에 있으며 어디로 가고 있는지, 앞으로의 궤도는 어떨지, 지구에 있는 우리가 관찰하기란 어렵습니다.
> 바라건대 이 일을 통해 실제로든 상징적으로든 한발 물러나 우주를 조망하게 됐으면 좋겠습니다.
> 우주선에 탄 비행사가 됐다고 생각하면서 한발 물러나 바라보며 우주에서 자신의 사명이 무엇인지 다시 생각할 수 있으면 좋겠습니다."

    우주개발이 다시 활발해지고 있는 걸 보면 앞으로 달이나 화성에 다녀올 우주비행사들이 더 많이 필요해질지도 모르겠습니다. 이때 우주인의 본보기가 될 만한 사람이, 바로 암스트롱 아닐까요?

    부와 명예에 매달리기보다 침착하게 임무에 열중하고, 우주비행사로서의 사명감을 가진 겸손한 인물이었으니까요. 약 20년 전만 해도 우주개발이 어려워 보였던 우리나라에도 달에 갈 우주비행사가 곧 등장할 수 있을 거라 기대합니다.

　퍼스트 맨 암스트롱, 그리고 누리호와 다누리호 개발이 그랬듯 처음 시도하는 것들은 전례가 없기에 매우 어려울 수밖에 없습니다. 그러나 어려운 만큼 '처음'을 성공했을 때 이후 발전에 커다란 영향을 줄 수 있죠. 달에 기지가 생기고 화성에 또 한 번, 최초의 발자국을 찍게 될 날이 머지않았습니다!

8

천재 아닌 오빠,
이상

#모더니즘의_중심 #시대를_앞서간_천재_문학가 #모던보이
#본명은_김해경 #낙랑파라 #평생_따라다닌_가난과_고독 #이상의_여인

李箱

(1910.9.23.~1937.4.17)

날개야 다시 돋아라.

날자. 날자. 날자. 한 번만 더 날자꾸나.

한 번만 더 날아 보자꾸나.

소설 <날개>의 유명한 구절이죠. 주인공이 마지막 외출에서 날개를 펼치며, 어지러운 현대사회에서 본연의 자아를 찾고자 하는 의지를 보이는 대목. 이 유명한 작품을 쓴 작가가 이상(李箱)입니다.

특이한 성격, '모던 보이'다운 양복 차림에 난해한 시를 쓰는 인물로도 유명한 작가. 오늘날 이상 작가의 정신을 계승할 목적으로 수여되는 그 '이상 문학상'의 주인공이기도 하죠.

한국 문학사에 혁명을 일으키고 사라진 이상이라는 인물에 대해 우리는 얼마나 알고 있는지, 또 이상이 추구하고자 했던 '이상(理想)'은 무엇이었는지, '아는 사람 이상'의 이야기부터 만나보겠습니다.

'아는 사람'
이상

🔲 천재와 파격 사이

이상은 모더니즘을 다방면으로 이해하고 극단까지 제시한, 혁명적인 인물이라고 볼 수 있습니다. 이상이 나타나기 전까지는 모더니즘시의 이미지를 '감각적이고 세련된 표현 방식을 추구하는 시'라고 이해했습니다. 그런데 이상의 등장으로 우리나라의 문학사에 큰 변화가 생긴 것이죠.

제대로 된 형태를 갖춘 현대시, 김소월의 《진달래꽃》 시집의 출간 연도가 1925년인데, 이상이 <오감도> 연작을 낸 게 1934년. 그러니까 불과 9년 만에 문학의 흐름을 완전히 바꾸어 놓은 혁신적인 작품이 등장합니다. 하지만 아이러니하게도 그런 이상의 시를 보면 낭독할 수 있는 작품이 많지 않죠.

1934년 《조선중앙일보》에 연재된 <오감도>의 제4호와 제5호 시. 하지만 우리가 알고 있는 그 전형적인 시가 아니라, 숫자, 부호, 그림이 시어로 등장합니다.

먼저 시제 4호를 보면 행렬을 통해 환자의 모습을 진단하는 책임의사 이상이 드러나 있고, 시제 5호에서는 침수된 축사와 같이 결핵으로 엉망이 된 자신의 폐를 그림으로 표현했습니다.

患者의容態에關한問題.(환자의 용태에 관한 문제)

```
•1234567890
1•234567890
12•34567890
123•4567890
1234•567890
12345•67890
123456•7890
1234567•890
12345678•90
123456789•0
1234567890•
```

診斷(진단) 0 : 1
26.10.1931
以上 責任醫師 李 箱.(이상 책임의사 이상)
                              —〈오감도〉제4호

某後左右를除하는唯一의痕跡에잇서서
翼殷不逝 目大不覩
胖矮小形의神의眼前에我前落傷한故事를有함.
(모후좌우를 제하는 유일의 흔적에 있어서
익은불서 목대부도
반왜소형의 신의 안전에 아전낙상한 고사를 유함)

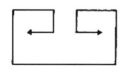

臟腑라는것은浸水된畜舍와區別될수 있을는가.
(장부라는 것은 침수된 축사와 구별될 수 있는가)
                              —〈오감도〉제5호

이상은 시의 현대성을 중시해서, 낭독할 수 있는 '시간'보다 '공간'을 지향했는데, 한국 시문학 최초로 '공간'이라는 개념을 도입한 시가 바로 <오감도>입니다. 즉 <오감도> 시제 4호와 5호는 인간의 내부 공간을 형상화한 모습이라고 볼 수 있죠.

당시 <오감도>처럼 전통적인 선입견을 깬 미술가로는 프랑스의 마르셀 뒤샹(Marcel Duchamp)이 있습니다. 뒤샹은 소변기를 전시장에 설치해 예술 작품의 기준을 완전히 뒤집은 '현대 미술의 아버지'로 불리는 인물이죠. 이상은 뒤샹처럼 시대를 앞서나가고 싶었던 인물이자 실험 정신이 매우 강했던 예술가로 꼽힙니다.

하지만 너무 앞서갔기 때문일까요? 신문에 <오감도>를 연재했을 당시 독자들의 항의가 빗발쳤다고 합니다. '이게 무슨 시냐?' '귀신 씨나락 까먹는 소리 때려치워라!' '미치고 싶거든 좀 곱게 미쳐라!' '꼭 생긴 대로 노네!' '지금 독자를 우롱하는 거냐?' '독자 모독을 더 이상 참을 수 없다'와 같은 내용의 항의 엽서들이 매일 신문사로 쌓였다고 하는데요, 결국 이상은 30호 연재로 예정돼 있던 <오감도>를 15호까지 연재하다가 중단했습니다. 그리고 자신을 미쳤다고 비난하는 독자들에게 이렇게 반문했죠.

> "왜 미쳤다고들 그러는지 모르겠다. 우리는 남들보다 수십 년씩 뒤떨어져도 마음 놓고 지낼 작정인가?"

그는 자신의 예술과 새로운 시도를 몰라주는 사람들이 답답했고, 그럼에도 불구하고 계속 그들과 소통하고 싶어했습니다. 특히 21살 나이에 폐결핵 진단을 받은 것이 그의 작품 세계의 변곡점이 되기도 했죠.

폐결핵 진단 전에는 <오감도> 시제 4호와 5호, <삼차각설계도>처럼 관념적이고 추상적인 시를 발표했지만, 폐결핵 진단 후에는 <지비>와 같이 주변 사람과의 소통에 초점을 맞춘 구체적인 시를 발표했습니다.

🗌 모던 보이, 모던 걸

'모던 보이(Modern Boy)' '모던 걸(Modern Girl)'은 1920~1930년대 사이 경성에 나타난 새로운 스타일의 소비 주체를 가리키는 말입니다. 이들은 1905~1910년 전후에 태어난 젊은 층으로, 서양 문물이 쏟아져 들어오던 일제 식민지 시대에 태어나, 근현대적인 여가와 유흥문화를 즐길 수 있던 세대였습니다. 요즘의 'MZ세대'와 비슷한 개념이라고 할 수 있겠죠.

모던 보이와 모던 걸은 근대적 삶의 양식을 보이는 긍정적인 세대라는 평가가 있지만, 퇴폐적이고 불량한 모습으로 평가받기도 했습니다. 전통적 생활양식과는 거리가 먼 낯선 옷차림과 사고방식을 지녔으니까요. 당시 《조선일보》에는, 종로를 활보하는 모던 걸들을 '잡종 스타일을 연출하는 천박한 부류'로 치부하며 정숙하지 못한 요괴들이 늘어난다고 한탄하는 기사가 실렸습니다. '꽃보다 다리 구경'이라는 기사를 통해서는 모던 걸들의 노출 패션을 꼬집기도 했죠.

그에 반해 모던 보이들은 자본가의 자녀와 부르주아의 후예들이 많았는데, 여기에는 가난한 '인텔리'들도 합류했습니다. 이들은 당시 유행하는 중절모나 백바지, 뿔테 안경은 못 해도, 양복이라도 걸치고 싶어 고물상 양장점을 찾곤 했습니다. 시골 총각들까지 조끼와 중절모를 썼을 정도였죠.

이상은 잘나가는 모던 보이들 중에서도 유독 인기가 많았습니다. 시인 김기림이 이상의 첫인상에 대해 기술한 것이 있는데, 그는 이상을 '대리석처럼 흰 피부, 유난히 긴 눈언저리와 짙은 눈썹, 덥수룩한 머리, 비단처럼 섬세한 육체의 소유자'라고 평가했습니다. 그만큼 매력적인 외모였다는 것이죠.

이상은 구인회(九人會) 회원으로 활동했습니다. 구인회는 김기림, 이효석, 박태원, 정지용, 김유영, 유치진 등 문인과 예술인이 참여한 모더니즘 문학 동인회(同人會)로, 느슨한 동인 의식을 가진 친목 단체였습니다. 당시 이상의 구인회 가입을 두고 동인들 사이에 찬성, 반대 입씨름이 있었는데, 모두가 이상의 말솜씨에 매료돼 그의 팬이 됐습니다. 친구들의 증언에 따르면, 그는 평범한 대화 중에도 페이소스(Pathos)와 독설의 비수가 번뜩이고, 마음을 휘어잡는 말재간으로 주변 사람들로부터 늘 관심을 받는 인물이었다고 하네요.

이상의
'모르는 이야기'

📖 이상과 김해경

이상의 본명은 '김해경(金海卿)'입니다. '이상'이라는 이름은 그의 시 <건축무한육면각체>를 발표하면서부터 사용했는데요, 그는 왜 '이상'이라는 필명을 사용했을까요?

여기에 대한 유래가 매우 많습니다. 가장 일반적인 정설은 '공사장설'로, 이상의 동생인 옥희에 의한 이야기입니다. 이상이 건축 기사로 일할 때 일본 사람들이 그의 본명인 김해경을 '긴상'이라고 불러야 하는데 '이상'이라고 불러서 이상이 됐다는 것이죠.

하지만 최근 연구에 따르면, 이상의 절친이었던 서양 화가 구본웅이 이상이 경성고등공업학교에 입학한 것을 축하하려고 화구 상자를 선물한 것에서 유래됐다고 합니다. 이상의 간절한 소망이던 화구 상자를 받았기에 자신의 아호(雅號)에 '상자 상(箱)'의 '상'자를 넣겠다고 했고, 호의 첫 자는 성씨를 넣되, 나무로 만든 상자니 '나무 목(木)'자가 들어간 성씨 중 권(權)씨, 박(朴)씨, 송(宋)씨, 양(梁)씨, 양(楊)씨, 유(柳)씨, 이(李)씨, 임(林)씨, 주(朱)씨 등을 검토했고, 그중 다양성과 함축성을 지닌 '이씨'를 선택해 이상(李箱)이라는 필명을 지었다는 것이죠.

📑 '낙랑파라' 단골손님

모던 보이, 모던 걸이 등장하면서 성행한 것이 다방 문화입니다. 서울 최초의 다방은 1902년 독일계 러시아인인 손탁이 정동에 지은 손탁 호텔의 다방으로, 일본인들이 찻집으로 부르던 우리나라 최초의 '끽다점(喫茶店)'이었죠. 커피와 함께 각종 디저트, 가벼운 경양식을 팔았던 이곳은 1930년대 들어서면서 수가 많아지고, 시설이나 음악도 고급화됐습니다. 그중 가장 유명했던 다방이 대한문 부근에 있던 '낙랑파라'였습니다. '낙랑'은 고구려에 함락된 나라 이름에서 땄고, '파라'는 응접실을 뜻하는 영어 'Parlour'에서 이름을 따왔습니다. 낙랑파라는 2층짜리 한양 절충식(折衷式) 건물로 1층은 다방, 2층은 화실로 꾸며져서 화가, 음악가, 문인들이 문전성시를 이뤘습니다. 이들은 커피와 홍차, 칼피스[일본의 음료수 브랜드]와 토스트를 즐기고 축음기에 퍼지는 음악을 들으며 감성을 공유했죠. 특히 이곳은 이상, 박태원, 구본웅, 김소운 등 예술가들의 아지트로 불렸는데, 이상은 매일 이곳에 출근하다시피 하는 단골이었다고 하네요.

또, 이상은 '더치페이'의 선구자이기도 했는데요, 시인 김소운이 훗날 친구 이상을 그리며 쓴 회고록에 이런 글을 남겼습니다.

당시에도 누군가 한 사람이 찻값을 치르는 것이 관습이었는데, 김소운은
이상이 우정까지도 현실적이고 도회적이었다고 기억한 것이죠. 당시 예술가
나 지식인들은 주머니가 가벼워서 한턱내는 일이 쉽지 않았을 겁니다. 친일
파를 제외하고는 신분 상승이 어려웠던 시기였죠.

다방에서는 젊은 남녀들이 눈이 맞기도 했는데, 모던 보이와 모던 걸들은
조혼(早婚) 풍습을 거부하고 자유연애를 추구했습니다. 훗날 이상이 부인 변
동림을 만난 곳도 낙랑파라였죠.

📖 유년 시절 공포의 기록

이상은 2남 1녀의 장남이었고, 그중 여동생 옥희와 매우 가까운 사이였습
니다. 1964년 김옥희 씨가 쓴 <오빠 이상>이라는 회고기에 우리가 잘 몰랐던
이상에 대한 이야기가 담겨있는데요, 이상은 밖에서는 문인들과 교류가 활발
한 독설가 모던 보이였지만, 집에 들어오면 이불을 둘러쓰고 늘 엎드려 무언
가를 쓰거나 상념에 빠지는 등 은둔자적 성향을 보였다는 이야기가 있습니
다. 변변한 책상 하나가 없을 정도로 가난해서 수세미 머리에, 이발도 넉 달에
한 번 친구의 손에 끌려 가서야 했다는 이야기도 있고요. 그를 백구두에 보헤
미안 넥타이를 한 세련된 사람이라고 여겼던 이들이 많았지만, 실은 여름에
신은 흰 구두를 겨울까지 신고 다녔기 때문에 그런 이미지가 만들어진 거라

고 하네요.

이상은 '제비'라는 다방을 운영한 적도 있었는데요, 제비를 연 이유는, 집안의 생계유지를 위해서였다고 합니다. 아버지를 여의고 가장이 된 그가, 어떻게 해서든 돈을 벌기 위해 다방 운영을 생각한 것이죠. 하지만 글만 쓰던 모던 보이에게 가게 운영은 다른 차원의 일이었습니다. 월세도 못 낼 정도로 힘들어했죠. 이상의 절친인 박태원도 자신의 글을 통해, 월세를 내기 위해 전화기도, 유성기도 팔아버린 제비 다방에는 손님이 없어 늘 한적하다는 이야기를 했습니다. 하지만 이 어려운 형편에도 여동생 옥희가 찾아오면 이상은 주머니까지 탈탈 털어 몇 푼이고 손에 잡히는 대로 돈을 쥐여주곤 했다고 하네요. 그의 집이 얼마나 초라했는지 소설 <날개>에도 이런 대목이 나옵니다.

> "나는 유락녀인 아내와 33번지의 어떤 셋방에서 세를 들어 산다. 아침 곁에 책보만 한 해가 들었다가 오후에 손수건만 해지면서 나가버린다. 해가 영영 들지 않는 윗방이 즉 내 방인 것은 말할 것도 없다."

이상은 1910년, 일제 강점기가 시작되던 시기 서울에서 태어났습니다. 그는 가난한 집안에서 태어나 3살 때 큰아버지 댁 양자로 들어가게 됐죠. 친부모가 그리워 본가를 몇 번 찾아가기도 했지만 그때마다 이상의 친아버지와 갈등이 컸던 큰아버지에게 혼쭐이 났다고 합니다.

이상의 친아버지는 당시 총독부 관리직으로 일하던 큰아버지의 소개로 궁 내부 활판소에서 일했는데, 종이 자르는 기계에 손가락 세 개가 잘리면서 일을 그만두게 됩니다. 이후 이발소를 차렸지만, 이상이 태어난 뒤 그마저도 어려워지자 더욱 가난해진 것이죠. 이를 본 이상의 할아버지가 이상을 큰아버지의 양자로 보낼 것을 권유합니다.

이상은 어릴 때부터 교내 미술 대회와 조선미술전람회에서 입상했을 정도로 그림에 소질이 있었습니다. 화가가 되고 싶었지만, 교육열이 대단했던 큰아버지는 공부를 해 기술자가 되기를 바랐죠. 그래서 경성고등공업학교 건축과에 진학하는데, 이곳이 바로 현재 서울대학교 공과대학의 전신입니다.

이상이 큰아버지의 양자로 들어간 지 2년이 됐을 때 큰아버지가 재혼한 큰어머니와 갈등의 골이 깊어지면서 다시 어려운 시기를 겪습니다.

이상의 소설 <공포의 기록>에 보면 '그동안 나는 나의 성격의 서막을 닫아버렸다'는 이야기가 나오는데, 큰어머니와의 불화, 그리고 본가에 가고 싶어도 가지 못하는 마음이 뒤엉키면서 고독한 유년 시절에 대한 심정을 표현한 것으로 보입니다. 이 과정에서 이상 특유의 어두운 성격이 생겼다는 해석도 있죠. 동생 옥희의 <오빠 이상> 회고기에도 유년 시절 오빠의 성격을 어두운 것으로 채운 사람이 큰어머니였다고, 집안사람들 모두가 그렇게 생각했다는 글이 적혀있습니다.

제10회 조선미술전람회에서 입선한
이상의 자화상

서울 종로구 통인동의 이상이 20여 년간 생활했던 집터 일부에는 '이상의 집'이 자리하고 있습니다. 마당에는 이상의 흉상이 걸려있고, 내부에는 이상의 작품들이 팔만대장경을 모티브 삼아 보관되고 있습니다. 철제문을 열면 이상의 방이 나오는데 빛 한 줌 없이 어둡습니다. 청년기 이상의 고뇌와 가족에 대한 그리움을 표현하듯 말이죠.

이상의 집

이상의 집 내부

방 2개, 부엌 1개 달린 초가집

건축학을 공부해 전문직 종사자가 된 이상은 건축학적 상상력으로 숫자와 기하학 기호, 건축 용어 등을 사용해 문학에 담아냈습니다. 그리고 1930년 잡지 《조선》에서 중편 소설이자 그의 첫 작품인 《12월 12일》을 연재하기 시작하죠.

그리고 그가 20세가 되던 해, 넉넉했던 큰아버지 댁 형편이 내려앉기 시작하더니, 급기야 이상이 23세가 되던 해에 큰아버지가 뇌출혈로 사망하고 맙니다. 이후 큰아버지의 재산 대부분이 큰어머니의 친아들에게 상속되면서 이상은 더욱 궁핍해질 수밖에 없었죠. 결국 친 가족에게 돌아온 이상은 방 2개, 부엌 1개가 달린 초가집을 구입해 그곳에서 거동이 어려운 할머니와 부모님, 동생 2명과 함께 여섯 식구가 살게 됩니다. 당시 이상의 괴로운 마음을 담은 글이 있습니다.

> "생활, 내가 이미 오래전부터 생활을 갖지 못한 것을 나는 잘 안다. 단편적으로 찾아오는 '생활 비슷한 것'도 오직 고통이란 요괴뿐이다. 아무리 찾아도 이것을 알아줄 사람은 한 사람도 없다.
>
> (중략)
>
> 이튿날 나는 작은어머니와 말다툼을 하고 맥박 125의 팔을 안은 채, 나의 물욕을 부끄럽다 하였다. 나는 목을 놓고 울었다. 어린애같이 울었다."
>
> _ 이상, 〈공포의 기록〉 중

당시 상황에 대해 동생 여동생 옥희가 남긴 글도 있습니다.

"바깥일을 집에 와서 절대 이야기 않던 오빠도 부모에 대한 생각은 끔찍이 했던 것 같습니다. 지금 살아계신 어머니도 큰오빠가 어머니에게 늘 공손했고, 뭘 못 해드려서 애태우곤 했었다고 말씀하십니다. 곧 돈을 벌어서 어머니를 편안히 모시겠다는 말을 입버릇처럼 되뇌던 큰오빠를 어머니는 지금도 잊지 못하고 계십니다."

_ 옥희, 1964년 〈신동아〉 인터뷰 중

금홍과 권순옥, 그리고 변동림

1931년, 이상은 폐결핵 진단을 받습니다. 병세가 악화돼 더 이상 직무를 수행하기 어렵게 된 이상은 조선총독부에 사직서를 내고, 황해도에 있는 배천 온천으로 휴양을 떠납니다. 배천 온천은 일찍이 세종이 요양했다고 알려진, 관절염이나 만성위염, 각종 피부병에 효과가 좋다는 라듐 온천이었는데요, 바로 이곳에서 그는 첫사랑을 시작했습니다. 상대는 '금홍'이라는 기생이었죠.

이상과 처음 만났을 당시 금홍의 나이는 21살. 그에게는 이미 17살에 낳은 딸이 있었는데 돌을 전후로 아이를 먼저 떠나보낸 아픔이 있었습니다. 이상은 금홍이 너무 좋아진 나머지, 요양을 끝내고 경성으로 돌아와 집 담보로 제비 다방을 차립니다. 이때 금홍이 이상을 찾아와 직원으로 일하게 되죠. 금홍이는 영화 〈금홍아 금홍아〉의 실존 인물이기도 하고, 소설 〈날개〉 여주인공의 모티브가 된 인물입니다.

이상과 금홍이의 관계는 생각보다 좋지 못했는데요, 금홍이는 사소한 말다툼을 하거나 수틀리는 일이 생기면 다방이 어찌 되든 말든 내버려 두고, 자신과 만나던 남자와 훌쩍 도망가 버리곤 했습니다. 폐결핵에 시달리는 이상에게 험악한 욕설을 퍼붓고, 심지어 목침을 던지기까지 했죠. 동생 옥희의 회상에서는 이상이 '저게 너희 언니'라고 눈짓만 할 뿐 금홍이를 한 번도 인사시켜 준 적이 없었다고 합니다. 그가 소설 <날개>에서 아내를 묘사한 대목을 살펴봅시다.

> "내 아내는 특히 아름다운 한 떨기의 꽃으로 이 함석지붕 밑 볕 안 드는 지역에서 어디까지든지 찬란하였다. 따라서 그런 한 떨기 꽃을 지키고— 아니 그 꽃에 매어 달려 사는 나라는 존재가 도무지 형언할 수 없는 거북살스런 존재가 아닐 수 없었던 것은 물론이다."

당시 이상은 생계유지가 힘들어 구인회 사람들의 도움을 받아 박태원이 쓰는 《소설가 구보 씨의 일일》에 삽화를 그려주기도 했고, 시도 쓰면서 소소하게 생계를 유지해 나갔습니다.

금홍은 이상이 제비를 폐업할 때도 가출하다 돌아오기를 반복했는데요, 결국 집을 나가 돌아오지 않자 이상은 여기저기 다방을 다니면서 허탈한 마음을 달래던 중에 또 하나의 운명적인 사랑을 만나게 됩니다. 상대는 이상이 운영하던 카페 '학'의 직원으로 있던 권순옥이었습니다.

권순옥은 다방에 오는 문인들과 주제 하나를 놓고 열띤 토론을 펼칠 수 있을 만큼 똑똑한 엘리트였습니다. 문인들 사이에서도 아주 인기가 많았죠. 그런 권순옥은 비범한 이상에게 호감을 느꼈습니다. 이상의 천재적인 면모가

'D.H 로런스(David Herbert Lawrence)(《아들의 연인》《채털리 부인의 연인》 등을 쓴 영국의 소설가)'를 닮았다며 추켜세웠습니다. 이상 역시 이런 순옥에게 호감을 느꼈죠. 하지만 당시 이상은 금홍과의 관계를 완전히 끝내지 못한 상황이었습니다.

이상은 금홍과 완전히 끝난 게 아닌 애매한 관계였기 때문에 자신이 권순옥에게 마음이 있다는 것만 확인하고 모호한 관계를 지속하고 있었습니다. 이때 같은 모임에 있었던 작가이자 《매일신보》 기자였던 정인택이 권순옥을 흠모하고 있었습니다. 정인택은 권순옥의 마음을 얻기 위해 애정 공세를 펼쳤습니다. 하지만 이상을 마음에 품고 있던 권순옥의 관심을 받기가 쉽지 않았고, 결국 그는 외롭고 슬픈 짝사랑에 극단적인 선택까지 시도했습니다. 이일을 계기로 권순옥은 정인택에게로 마음이 기울어 버리고, 동시에 금홍과의 관계도 제대로 정리하지 못하고 갈팡질팡하는 이상에게 실망감을 느끼죠. 권순옥은 이상과의 관계를 끊고, 정인택과 결혼을 했습니다. 이상은 친구 정인택의 구애를 지켜볼 수밖에 없었습니다. 금홍 때문에 새 사랑을 시작하기 부담스러웠기 때문이죠. 그런데 놀랍게도 두 사람의 결혼식 사회를 이상이 맡았습니다.

이상은 독특한 성향을 갖고 있었는데, 먼저 특정한 조건을 만들고 조건 안에 모순되는 상황을 넣은 뒤, 모순이 발생하면 한 발 뒤로 물러나곤 했습니다. 그러니까 자신이 좋아하는 사람인 권순옥과 친구인 정인택을 연결해 주고 난 뒤, 고독한 감정을 즐겼다고 할까요?

이런 이상의 모습에는 당대의 사조가 반영돼 있다고 해석하기도 합니다. 1930년대는 자유연애가 유행하던 시기였습니다. 모던 보이와 모던 걸들은 지

고지순한 사랑이 고리타분하다며 경성식의 '쿨한 사랑'을 추구했죠. 실제로 1930년대 식민지 조선의 문화 풍조는 '에로-그로-난센스'로 함축되는데, 이는 에로(Erotic, 선정적) 그로(Grotesque, 엽기적) 난센스(Nonsense, 평범하지 않음)로 퇴폐주의적인 풍조를 일컫는 말이었다고 합니다.

그리고 이상에게 3번째 사랑이 찾아옵니다. 한국 미술계 거장 김환기 작가의 아내인 김향안 여사와 관련이 있는데요, 이상의 아내인 변동림 여사가 김환기의 아내 김향안 여사입니다. 그가 김환기와 결혼하면서 그의 호를 따 변동림에서 김향안으로 개명한 것이죠.

이상은 우연히 친구 변동욱의 여동생 변동림을 보게 됐고, 보자마자 소개해 달라고 부탁해서 만나게 됐습니다. 당시 변동림 여사는 지금의 이화여자대학교의 전신인 이화여전 영문과를 나온 인텔리 여성이었습니다. 당시에는 보기 드문 신여성이었는데, 그래서 이상과 더 잘 통했는지도 모릅니다. 두 사람은 만날 때마다 러시아 문학을 논하고 베토벤, 모차르트에 대한 이야기를 나누었다고 합니다.

변동림은 이상의 문학을 잘 이해하고 있었고, 당시 지탄받던 <오감도>에 대해서도 이상의 천재성을 가장 잘 드러낸 작품이라고 평가해 줄 정도로 통하는 부분이 많았습니다. 하지만 결혼에 이르기는 쉽지 않았습니다. 변동림의 집안에서 두 사람의 만남을 극구 반대한 것인데요, 그의 부모는 폐결핵이 있는 6살 연상의 이상을 못마땅해했습니다. 이때 이상의 안타까운 심정이 그의 산문 <슬픈 이야기, 어떤 두 주일 동안>에 잘 드러나 있습니다.

> "나는 이 태엽을 감아도 소리 안 나는 여인을 가만히 가져다가 내 마음에다 놓아
> 두는 중입니다… 여인, 내 그대 몸에는 손가락 하나 대지 않으리다. 죽읍시다.
> '더블 플라토닉 슈사이드(Double Platonic Suicide, 정신적 동반자살)인가요?'
> 아니지요. 두 개의 싱글 슈사이드지요….
> 여인은 내 그윽한 공책에다 악보처럼 생긴 글자로 증서를 하나 쓰고 지장을
> 하나 찍어주었습니다.
> '틀림없이 같이 죽어드리기로.'"

이상이 변동림에게 한 사랑 고백이 얼마나 이상다웠는지, 변동림이 쓴 회
고록을 보면 알 수 있습니다.

> "나는 날마다 이상을 만났다. 학교에서 돌아오는 길 거기 어디서 기다리고 있는
> '상'을 만났으며 우리 집에서 나오면 부근에서 서성거리고 있는 '상'을 발견했
> 다. 만나면 따라서 걷기 시작했고 걸어가면 벌판을 지나서 방풍림에 이르렀다.
> (중략)
> 우리는 뭐 손을 잡거나 팔을 끼고 걸은 것은 아니다. 각기 팔을 내저으며 지극
> 히 자연스러운 자세로 걸었다. 드문드문 이야기를 나누면서, 때때로 내 말에
> 상은 크게 웃었다. 그 웃음소리가 숲속에 메아리쳤던 음향을 기억한다.
> '우리 같이 죽을래? 어디 먼 데 갈까?' 이것은 상의 사랑의 고백이었을 거다."
> _ 김향안, 〈이상(理想)에서 창조된 이상(李箱)〉 중

변동림은 가방에 몇 권의 문학책과 외국어 사전만 달랑 넣고 구인회 회원
들을 불러서 정식으로 결혼식을 올린 뒤 신혼 생활을 시작했습니다.

사람들은 이상을 바람둥이로 보기도 했는데, 동생 옥희는 오빠는 결코 그
런 사람이 아니라고 했습니다. 금홍이나 변동림이나 오빠의 사랑은 애처가이
자 공처가일 정도로 순수했고, 소설 속에서 구현된 이미지로 인해 왜곡된 것
이라고 말했죠.

마지막이 된 동경 여행

이상은 당시 보수적인 시대상과 달리 생각이 열려있었습니다. 동생 옥희가 애인과 야반도주한다고 만주로 떠나버린 사건이 있었는데, 이상은 동생을 믿었습니다. 옥희가 진취적이고 독립적인 여성이라는 것을 알고 있었고, 인정해 준 것이죠. 그러면서 부모님은 내가 돌볼 테니 걱정하지 말고 잘 다녀오라고 합니다. 동생 옥희에게 보낸 편지 내용을 읽어봅시다.

> "이왕 나갔다. 나갔으니 집의 일에 연연하지 말고 너희들의 부끄럽지 않은 성공을 향하여 전심을 써라. 삼 년이 아니라 십 년이라도 좋다. 패잔한 꼴이거든 그 벌판에서 개밥이 되더라도 다시 고토를 밟은 생각을 마라.
>
> (중략)
>
> 네가 나갔고 작은오빠가 나가고 또 내가 나가버린다면 늙으신 부모는 누가 지키느냐? 염려 마라. 그것은 맏자식 된 내 일이니 내가 어떻게라도 하마. 해서 안 되면―. 혁혁한 장래를 위하여 불행한 과거가 희생되었달 뿐이겠다."

그런데 또 한편으로는 이상 역시 현실에서 끊임없이 벗어나고 싶은 마음이 있었나 봅니다. 이 편지를 보면 알 수 있죠.

> "한 삼 년 나도 공부하마. 그래서 이 '노말'하지 못한 생활의 굴욕에서 탈출해야겠다. 그때 서로 활발한 낯으로 만나자꾸나. 너도 아무쪼록 성공해서 하루라도 속히 고향으로 돌아오너라. 나도 나가기는 해야 할 사람이지만 일이 너무 급하게 되어놓아서 어머니 아버지께서 놀라셨다 뿐이지, 나야 어떻겠니. 하여간 이번 너의 일 때문에 내가 깨달은 바 많다. 나도 정신 차리마."

동생 옥희의 만주행이 이상에게는 신선한 자극이 됐을지도 모릅니다. 아내 변동림에게도 동경행 결심을 여러 차례 털어놨고, 변동림 역시 그런 이상의 꿈을 진심으로 격려했다고 합니다. 변동림과 결혼한 뒤로, 생계는 변동림이 책임졌습니다. 일본인이 운영하는 바에 나가 일하면서 돈을 벌었죠. 이를 안타깝게 보던 친구이자 화가였던 구본웅은 일본에 가서 얼마간 바람이라도 쐬고 오라며 경비를 쥐여줬습니다.

그리고 그해 10월, 이상은 그토록 가보고 싶어 했던 동경으로 떠나게 됩니다. 그것도 결혼한 지 단 3개월 만에 말이죠. 꿀 떨어지는 신혼에 그는 왜 동경으로 떠나고 싶었던 걸까요?

사실 이상이 가장 가고 싶어 했던 곳은 프랑스 파리였다고 합니다. 하지만 상황이 여의치 않으니 동경으로라도 떠나는 것이었죠. 그는 파리의 최첨단 문물과 근대화를 느끼고 싶어 했습니다.

이상은 동경으로 떠나기 전, 부모님을 찾아가 "2~3일 동안 어디 다녀올 데가 있다"고 마지막 인사를 건넸는데 그 길이 이상의 마지막 길이 되고 말았습니다.

구본웅이 그린 이상
<친구의 초상>
1935

이상의 생애 처음이자 마지막이 된 동경 여행은 이상에게 실망감만 안겨주었습니다. 식민지였던 경성이 '근대의 모조품'이라고 생각해 떠나온 것이었는데, 실제 동경의 모습도 별반 다르지 않았던 것이죠. 그렇게 권태로운 생활이 더해지던 즈음, 하숙집을 나와 거리를 걷고 있는데 일본 경찰의 불심검문에 걸렸습니다. 건강이 좋지 않으니 몰골도 꾀죄죄하고 머리나 복장이 단정하지 않았겠죠. 그렇게 한 달 남짓을 '불량한 조선인'이라는 죄명으로 유치장에 갇히게 됩니다. 심지어 겨울이어서 이상의 건강은 급속도로 악화됐고, 유치장 안에서 피를 토하고 입술도 새파랗게 변해갔습니다. 유치장에 있는 동안 가혹한 고문이 가해졌다는 이야기도 있습니다. 일본 경찰들은 뭔가 안 되겠다 싶었는지 급히 이상을 차에 태워 하숙집 앞에 내팽개치고 갔죠. 그렇게 그의 몸은 더 이상 손쓸 수도 없이 악화돼 임종만 기다리며 누워있었고, 그의 곁은 변동림 여사가 지켰습니다.

세상을 떠나기 직전, 이상이 마지막으로 한 말은 무엇이었을까요?

" 센비키야의 멜론을 먹고 싶다."

센비키야는 일본의 고급 과일을 판매하던 명품 상점입니다. 멜론은 일제강점기 조선인에게는 현대적이고 이국적인 과일이었으니, 이상에게는 세련된 문화를 대표하는 상징적인 존재였겠죠.

이상의 말을 들은 변동림은 서둘러 병원 근처 노점에서 멜론을 사왔지만 이상은 그것을 먹을 수 있는 상태가 아니었고, 결국 그 길로 27세의 나이에 눈을 감고 맙니다.

다음은 폐결핵의 고통을 담은 이상의 시 <아츰>입니다.

"캄캄한 공기를 마시면 폐(肺)에 해롭다
폐벽(肺壁)에 끄름이 앉는다
밤새도록 나는 몸살을 앓른다
밤은 참 많기도 하드라

(중략)

폐에도 아츰이 켜진다
밤사이에 무엇이 없어졌나 살펴본다
습관이 도로 와있다
다만 내 치사(侈奢)한 책이 여러 장 찢겼다
초췌한 결론 우에 아츰 햇살이 자세히 적힌다
영원이 그 코 없는 밤은 오지 않을 듯이"

이상은 기침과 몸살이 심해져 잠을 이루지 못한 본인의 몸 상태를 상당히 내밀하게 표현할 줄 아는 인물이었습니다. 자신과 동일시된 책이 찢긴 채 두께가 얇아진 것을 보며 자신의 수명이 줄어들고 있다는 것을 예감했죠. 그리고 현실에 허망함을 느끼는 자신을 대면하며 스스로 탄식했습니다.

다시 보는 이상,
고독했던 모던 보이

이상은 모던 보이의 선봉자로, 반봉건의 극단에 닿아있던 인물입니다. 문란하고 허풍이 있던 인물이었다고 전해지지만, 한 가정의 장남으로서는 조선 말기의 봉건성을 벗어날 수 없었던 인물이었죠.

말년에 이상이 도쿄에서 김기림에게 쓴 편지가 있는데, 거기에는 '완전히 20세기 사람이 되기에는 내 현관에 너무도 많은 19세기의 엄숙한 도덕성의 피가 위협하듯이 흐르고 있다'라는 말이 적혀있다고 합니다. 이런 것을 보면, 이상은 정신적으로 추구했던 이상향과 봉건사회 사이에서 괴리를 느꼈던 고독한 예술가가 아니었을까 싶습니다.

결국 그는 시대를 잘못 타고난 불운아라고 할 수 있겠습니다. 모더니즘과 자유연애를 추구했지만, 꿈과 현실의 괴리감에서 오는 고통으로 괴로워했으니까요. 하지만 문학으로 사람들과 끝까지 소통하고 싶어 했습니다. 그의 작품에는 희망과 염원, 한계를 뛰어넘고자 하는 갈망과, 주변 사람과 끊임없이 소통하고픈 마음이 고스란히 담겨있죠.

시대를 뛰어넘고자 했으나 시대에 갇혀버릴 수밖에 없었던 삶. 그가 닿고자 했던 초현실적 예술세계는 그의 생(生)을 뛰어넘어 후대에 길이 전해지고 있습니다. 너무 이른 나이에 세상을 떠난 그가 조금 더 오래 살았다면, 그의 천재성이 어떻게 꽃을 피웠을지 궁금한 인물이기도 합니다.

아는 사람 모르는 이야기
인물사담회 02

1판 1쇄 발행 2024년 12월 13일

저 자 | EBS<인물사담회> 제작팀
 글 | 김서정
발행인 | 김길수
발행처 | ㈜영진닷컴
주 소 | (우)08512 서울특별시 금천구 디지털로9길 32
          갑을그레이트밸리 B동 10층
등 록 | 2007. 4. 27. 제16-4189호

ⓒ 2024. ㈜영진닷컴

ISBN | 978-89-314-7820-4

YoungJin.com **Y.**
영진닷컴